JN080646

ホットサンドの定食アイディアレシピ

Hot sandwich
Set meal
Idea recipes

はじめに

ホットサンドメーカーも多くのメーカーから発売され、様々なシーンでホットサンドを楽しめるようになりました。

パンの香ばしくカリッとした食感を手軽に楽しむ。アウトドアに持ち出し、フタ付きのフライパンとして使用するなど、使い方も人それぞれ。楽しい調理器具であることがずいぶんと広まったように感じます。

ですが、実際には「ハムとチーズ」といった定番具材の組み合わせに偏りがちになってしまう…。「市販品のお惣菜」ばかり挟んでしまう…といったお悩みをかかえている方も多いのではないでしょうか?

本書では、そのような方に、もっとホットサンドメーカーを楽しんでいただくため、具材の組み合わせの「発想をふくらませる」ヒントやアイディアを取りそろえてみました。

お店でご提供したホットサンドを中心に、手軽に簡単に作れるものから、手間と時間をたっぷりとかけた絶品ホットサンド、アウトドアに向いているレシピまで、盛りだくさんのレシピをご紹介いたします。きっとメニューの幅が広がることと思います。

また、西荻ヒュッテでは「パンの定食」をご提供してきました(不定期)。バランスよく、美味しく、楽しく食べることができます。定食にするためのレシピも掲載していますので、お好みのホットサンドに合わせて、ぜひ定食をお試しいただければ幸いです。

ホットサンドメーカーの選び方

ホットサンドメーカーの種類も増え、「どれを買えばよいかわからない」といった声をよく聞くようになりました。ここでは、ホットサンドメーカーの種類と特徴をご紹介いたします。自分にぴったりのホットサンドメーカーを見つけてください。

直火式・IH対応・電気式・メッシュタイプ

【直火式】

ご家庭のガスコンロやアウトドアコンロ、炭火などで使用できます。内側はフッ素コーティングされているものが多く、手入れも簡単です。鉄器のものもありますが、手入れに注意が必要です。分離するもの、シングル、ダブル、食パン1枚用のものなど、種類が豊富で用途に合わせてお選びいただけます。

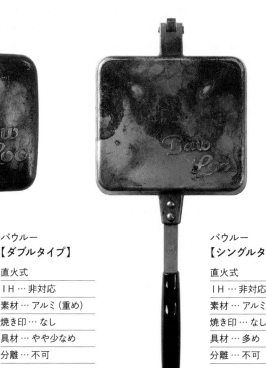

バウルー
【ダブルタイプ】

直火式
IH…非対応
素材…アルミ（重め）
焼き印…なし
具材…やや少なめ
分離…不可

食べやすいホットサンドが出来あがります。

バウルー
【シングルタイプ】

直火式
IH…非対応
素材…アルミ（重め）
焼き印…なし
具材…多め
分離…不可

日本製なのとてもでしっかりしています。

【IH対応】

ご家庭のキッチンがIHの方は、こちらをおすすめします。直火にも対応しているものが多く、ご家庭、アウトドアどちらでも使用可能です。やや重いので、山登りなどには不向きだと思います。

【電気式】

海外メーカーのものなど、お洒落なデザインのものも増えました。内部の型を換えられるものもあります。アウトドアにはいかない、火は使いたくないという方におすすめです。具材の量をたくさんは挟めないものもあるようです。

【メッシュタイプ】

魚焼きグリルやオーブントースターに入れて焼く、メッシュ状のホットサンドメーカーです。具材を多く挟めるため、ボリュームのあるホットサンドを作り↙

たい方、断面を美しく見せたい方におすすめです。本書でおすすめしている「ホットサンドメーカーの内側にバターを塗る」ことは出来ません。

定番の【直火式】にしようと思っている…

【シングル／ダブル】

西荻ヒュッテでは「バウルー」という製品を使用しています。昔からある定番の直火式ホットサンドメーカーで、シングルとダブルがあります。中にたくさんの具材を挟みたい場合は「シングル」を。食べやすさを重視、具材を2種類わけたいなどの場合は「ダブル」を使用するとよいでしょう。他のメーカーのものもたくさんあるので、使用目的に合わせて選んでください。

【メッシュタイプ】

トースター・グリル式
IH … 非対応
素材 … ステンレス鋼
具材 … かなり多め
分離 … 不可

両面一度に焼けます。

4w1h
【食パン1枚タイプ】

直火式
IH … 非対応
素材 … アルミ（重め）
焼き印 … ロゴ
具材 … 少なめ（ハーフ）
分離 … 不可

パンの耳が波形にしっかり圧着されてカリカリ。

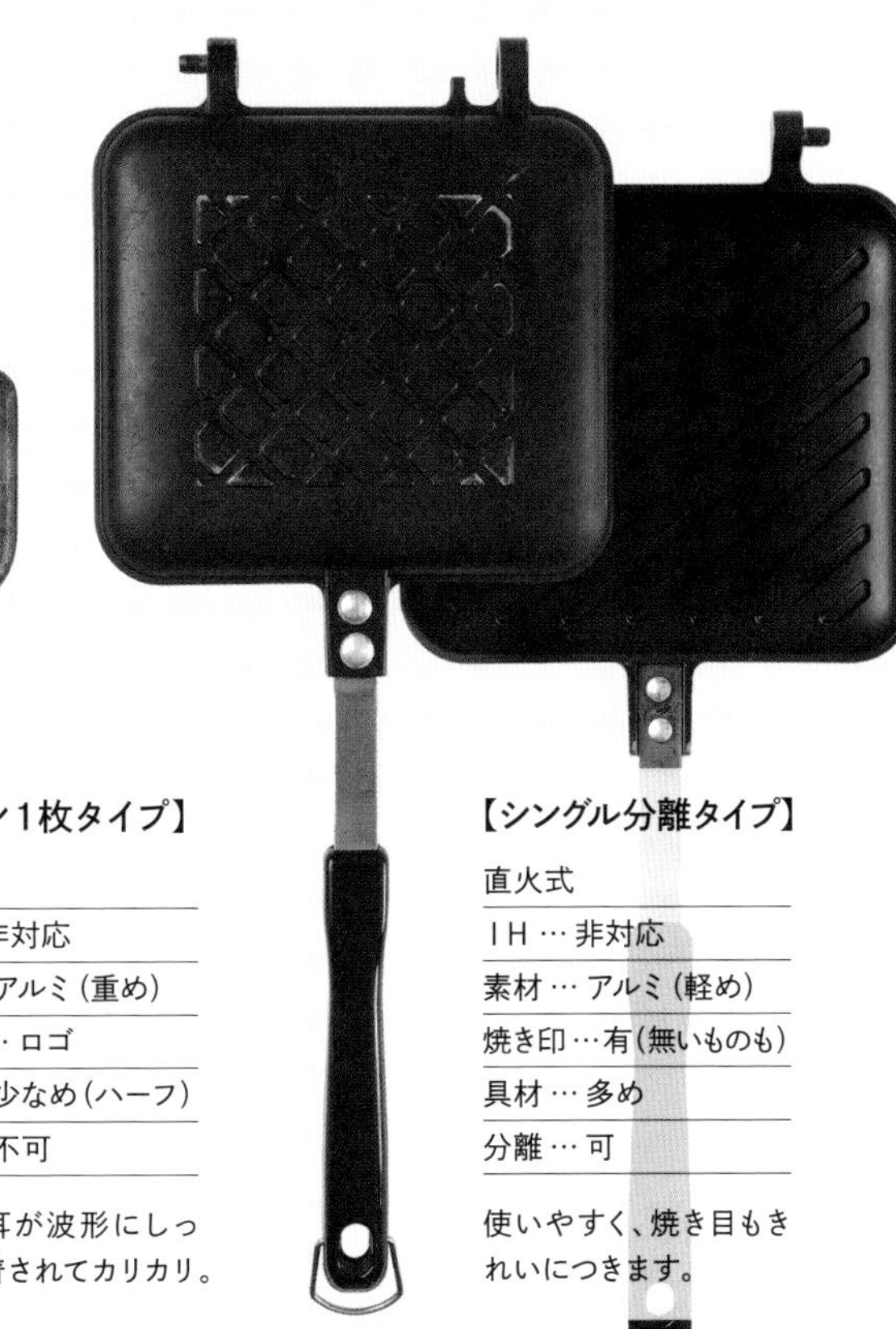

【シングル分離タイプ】

直火式
IH … 非対応
素材 … アルミ（軽め）
焼き印 … 有（無いものも）
具材 … 多め
分離 … 可

使いやすく、焼き目もきれいにつきます。

【分離できるかどうか】

洗いやすさやホットサンドメーカーを器代わりに使用しようと考えている方は、フライパン状に分離できるもの（セパレートタイプ）を選ぶとよいでしょう。また、登山などに持っていく場合は、なるべくコンパクトにしたいので、持ち手も分離できるものをおすすめいたします。最近では改造される方も増えているようです。

【食パン1枚分で】

食パン1枚で挟めるホットサンドメーカーもあります。西荻ヒュッテでは「4w1hホットサンドメーカーソロ」という製品を使用しています。パンの耳の部分がしっかりプレスされ、カリッとした食感を得られる優秀な製品です。お店ではハーフサイズ、デザート系などに使用しています。

ホットサンドの定食アイディアレシピ

Contents

はじめに 003
ホットサンドメーカーの選び方 004
ホットサンドの定食とは 008
西荻ヒュッテのホットサンドの作り方 010

ホットサンドのレシピ

Part 1 西荻ヒュッテ人気のメニュー

ハニーマスタードチキン 014
三種の豆のドライカレー 016
グラタン 018
チリベーコン 019
バルサミコチキン 020
ごぼうハンバーグ 022
豚キムチ 024
アラビアータ 025
明太クリームパスタ 026
照り焼きチキン 028

Part 2 卵が主役！

チーズ入り親子丼風サンド 030
甘から卵とドライトマト 032
うずら卵々 034
空豆オムレツ 036

ホットサンドの定食のサイドメニュー

じゃがいものガレット 038
自家製ドレッシング 039
サラダ 040
オイルサーディンとキャベツ
大根とホタテ柚子胡椒マヨ
えのきタイ風サラダ
コリンキーとスモークサーモンのマリネ
桜の花ポテサラ
ハーブたっぷりタブレ
箸休め 042
レタス浅漬け
梅ザーサイ白菜和え
野辺地かぶと生ハム
セロリと柿のなます
おかひじきのナムル
紫キャベツのラペ

ホットサンドのレシピ

Part 3 発想をふくらませよう

レバーソテーと新生姜甘酢漬け 044
豚とくわいの黒酢炒め 046
いか山芋焼き 048
コロッケ風サンド 049
ピロシキ風サンド 050
オムライス風サンド 052
豚バラさつまいも 054
ソーセージキャベツ 055
厚揚げ豚韓国風サンド 056
豚肉タコ焼き風サンド 058
担々麺風サンド 060
◆ブルーベリーソースのレシピ 062
ブルーベリーベーコン 063
◆煮りんごのレシピ 064
合鴨煮りんご 065

Part 4
意外? とても美味しい長芋のホットサンド

長芋天津……066
豚バラ長芋……068
梅長芋……069

Part 5
上手に焼くには、具材の水分調整を

厚揚げマーボー……070
海老のトマトクリーム……072
カオソーイ風サンド……074
エビチリ……075
アーモンドカレー……076
クリームシチュー……078
モロッコ風トマト煮……080
アジフライ……081

Part 6
各地の名産やご当地グルメを発想に

十和田バラ焼き……082
ぬーやるバーガー風サンド……084
富士宮焼きそば……085
ちくわパン風サンド……086
黒はんぺん……087

Part 7
アウトドアでさらに美味しく

◆燻製サバのレシピ……088
サバのスモーク……089
◆自家製ベーコンのレシピ……090
春菊ベーコン……091
焼肉サンド……092
冷凍ポテトのミートソース……093
カリーブルスト……094
サバ缶リエット……095
ほうれん草サーモン……096
イワシ明太風サンド……097
缶詰焼き鳥のサテ風サンド……098

Hot sandwich
Set meal
Idea recipes

76 Recipes

編集
岩谷健一

著者
西荻ヒュッテ・幕田美里

デザイン・構成
長内研二
(Osanai design studio)

撮影
佐藤まりえ
(Osanai design studio)

山の箸置き制作
渡辺康夫

ホットサンドメーカーで おかず・おつまみ・デザート

Part 1
おかず・おつまみ

チキンの柚子胡椒焼き……100
焼き野菜……101
ガーリックシュリンプ……102
カリカリチーズカツ……103
厚揚げしらすチーズ……104
ゴルゴンゾーラネギきつね焼き……105

Part 2
デザート

ホットケーキ……106
アップルチーズパイ……107
いきなり団子風……108
焼きバナナ……109

レシピの追記……110

西荻ヒュッテ……111
著者より……111

ホットサンドの定食とは

もともとお店は夜の営業のみの飲食店だったのですが、ランチ営業を始めてみようということになり、

「狭いキッチンでも対応できる」
「アウトドアのイメージがある」
「週替わりでメニューがかわる」
「もちろん美味しくて、楽しいこと」

という目標のもと、ランチの内容を考え始めました。これらをすべて満たすのが「ホットサンドの定食」だったのです。

オープン当初からホットサンドはメニューにありましたが、さらに魅力的なものになるように数カ月試行錯誤。毎日でもいただけるよう、栄養バランスを考え、野菜をたくさん摂れるようにと、考えついたのが――、

◆ホットサンド（2〜3種類から選べる）
◆付け合わせ（じゃがいものガレット）
◆箸休め
◆サラダ（2〜3種類から選べる）
◆ドリンク（4種類から選べる）

というセット内容です。
定食なので、お盆に料理とドリンク、箸をセットすることにしました。

「ホットサンドの定食」は、世の中に存在していませんでしたので、お客様にどのように周知していくかが問題でした。「ホットサンド・ブランチ」をブランド名とし、看板は「食パン」の形に。ロゴマークには、煙突の「煙」を配し、熱さや湯気を想起させ、少しずつ認識してもらえるように工夫。少しずつお客様に足を運んでもらえるようになっていきました。

旬の食材を手に入れたり、遠出した際は道の駅や産直、お土産屋さんに立ち寄り、名産を持ち帰ってはホットサンドの定食作りに没頭していました。あれよあれよという間に、1年3カ月程でホットサンドのメニュー数は200を超えていました（笑）。本当に、美味しくて楽しいんですよ。

お店の看板。「西荻ヒュッテ」の別ブランドとして、食パンの形の看板を付け替えて使用。焼く前とこんがり焼けたパンをイメージ。わかります？

HOT SAND BRUNCH

ホットサンド・ブランチ　西荻ヒュッテ
10:30〜14:00（月水木金）
〜16:30（火）
定休日：土・日・祝日

〈ホットサンド〉

A.たかよしくんのチャナパラックパニール【北インド】：
ヒヨコ豆とカッテージチーズのほうれん草カレー、オニオンスライス　1,000円

B.おさないさんのスリランカンカレー【スリランカ】：
チキン・いんげん・赤レンズ豆のカレー、ココナツ、バスマティライス、揚げせん　1,000円

C.みさとのアーモンドカレー【日本】：
アーモンドと合挽肉のカレー、ゆで卵、チーズ　880円

＊ホットサンドのおかわりはA、Bが600円、Cが500円となります。

〈セットサラダなど〉 Choice
ごぼうと人参のきんぴらマヨネーズ
紫キャベツのラペ
＊サラダの追加は200円です。

〈セットドリンク〉 Choice
ドリップコーヒー
アッサムティー
アイスコーヒー
オレンジジュース
＊ドリンクのおかわりは100円です。

ある週のメニュー。三者三様、世界のカレー週間。
お店での調理経験もあるお客様にも具材作りにご協力いただき、3種類のカレー（北インド、スリランカ、日本のカレー）の食べ比べができるホットサンドを企画しました。ホットサンドの定食、いろいろな可能性があって、楽しいです。

現在は夜の営業のみになっていますので、ホットサンドの定食はご提供できていませんが（ホットサンド単品はございます）、時々イベント的に「ホットサンド・ブランチ」として営業しています。

西荻ヒュッテのホットサンドの作り方

1

食材（パンや具材）とメーカーを準備しましょう。具材は、作る必要があるものは、レシピを掲載しています。代用できるものは、お惣菜などでも大丈夫です。

▽

【ホットサンドメーカーのタイプ選び】

食べやすさや具材との相性を考えて、シングル、ダブルどちらにするか決めましょう。
例えば「ゆで卵をまるまる入れる」場合は、真ん中に溝のないシングル。
各レシピには、どちらのタイプがおすすめかを、焼き時間の目安とともにアイコンで記載しています。

《焼きの目安》バターを塗りましょう

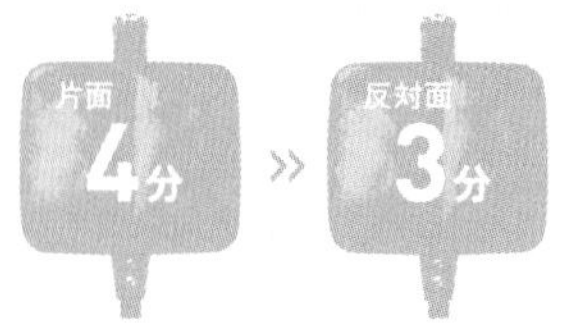

弱火（やや強め）　弱火（やや強め）
ダブル・シングルどちらでも

2

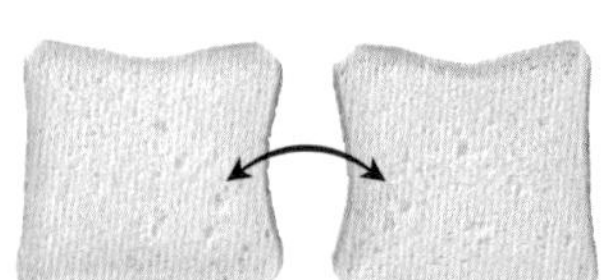

2枚の食パンの向きを閉じたときになるべくぴったりと合うようにして、まな板の上に置きます。

▽

【食パンについて】

このレシピでは、全て8枚切りの食パンを使っています。6枚切り、10枚切りでも作れますが、バランスを考えると8枚切りがベストです。

食パンには形に個性があるので、閉じたときになるべくぴったりと合うように方向を考えましょう。

3

食パンの内側にマヨネーズをしぼります。各レシピにマヨネーズのしぼり方をアイコンで記載しています。

▽

【マヨネーズのしぼり方】

マヨネーズをしぼることで、「コクをアップ」「パンどうしがくっつきやすくなる」「パンの耳をカリッと仕上げる」効果があります。加熱によって酸味はとびますので、マヨネーズが入っていることはほとんどわからなくなります。

各レシピにマヨネーズのしぼり方をアイコンで記載しています。

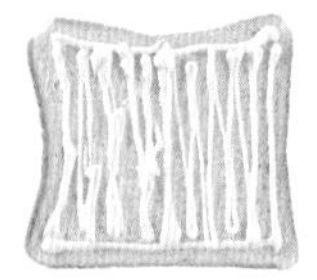

A「全面」
表示：**マヨ全面**

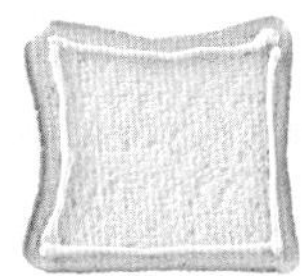

B1 シングルの場合の「縁だけ」
表示：**マヨ縁**

B2 ダブルタイプの場合の「縁だけ」
表示：**マヨ縁**

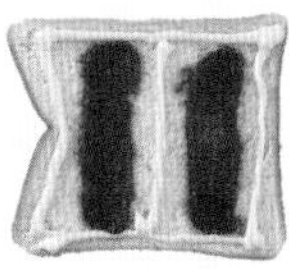

C ○○＋マヨネーズ
表示：**「ケチャップ＋マヨ縁」**の場合は、ケチャップを塗ってから、縁にマヨネーズをしぼります。

【チーズについて】

シュレッドチーズ（ピザ用チーズ）→溶けやすい
とろけるスライス→溶けやすい
スライスチーズ→溶けにくい
プロセスチーズ→溶けにくい

これらのことをふまえ、レシピ内に記載のチーズは、お好みのものに代用していただいてOKです。

【バターを塗る】

バターを塗ることで、「パンの表面がパリッと焼き上がり」ます。バターは有塩でも無塩でも大丈夫です。お店では「無塩の発酵バター」を使用しています。
パンの外側に「追いチーズ」をする場合には、その面にはバターは塗りません。

《焼きの目安》**バターを塗りましょう**

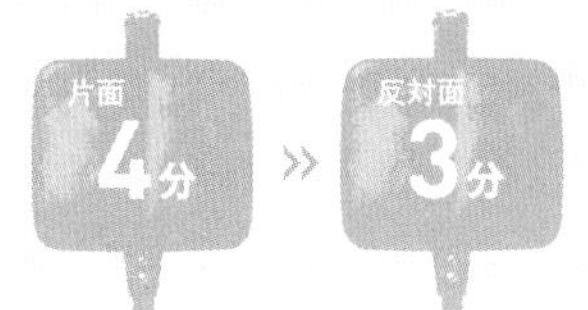

弱火（やや強め）　弱火（やや強め）
ダブル・シングルどちらでも

4

ベースとなるマヨネーズをしぼったパンの上に、具材をのせていきます。どのように切って、断面がどのように見えるかを考えながらのせていきましょう。

▽

5

もう1枚の食パンをマヨネーズの面を内側にして乗せます。手で軽く押さえて、落ち着かせましょう。

▽

6

ホットサンドメーカーの内側に、バターを薄く塗ります。シリコンブラシを使うと塗りやすいです。各レシピにバターを塗る場合は記載しています。

▽

【メーカーにパンをセット】

厚みがあるので、手で押さえながらホットサンドメーカーを閉じます。

7

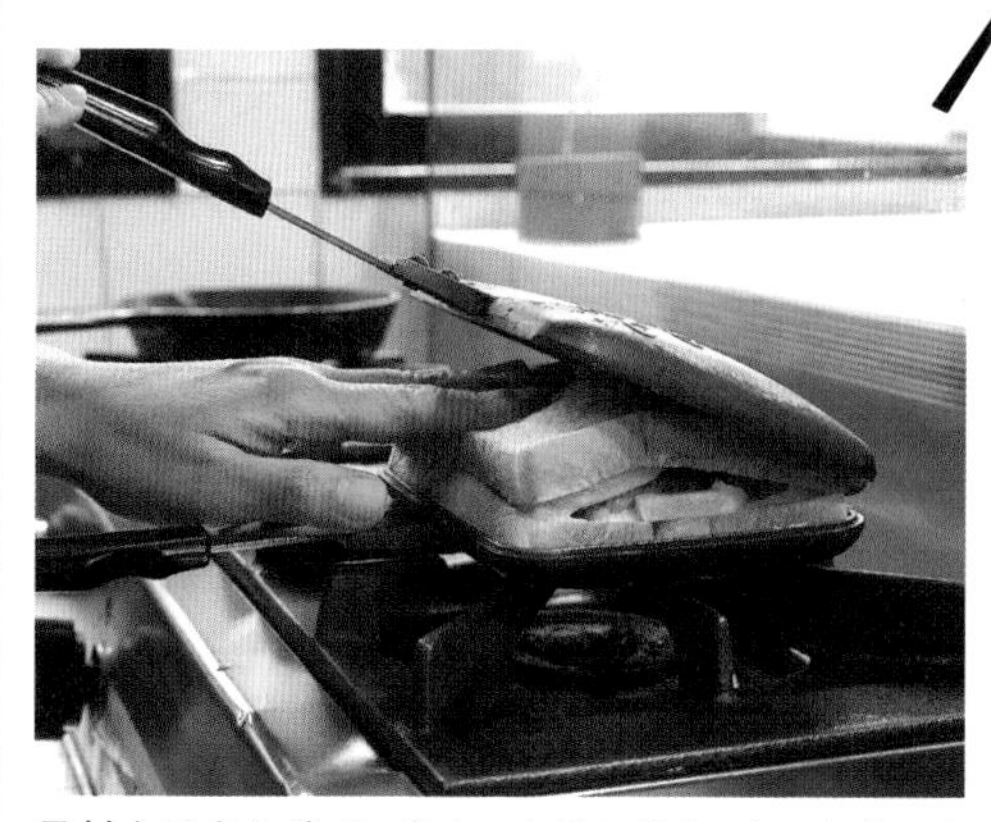

具材をはさんだパンをホットサンドメーカーにセットします。

▽

【焼き方】

各レシピに「火加減」「焼き時間の目安」をアイコンで記載しています。焼きが進んできたら途中でフタを開け、焼き具合を確認して調整しましょう。

《焼きの目安》 バターを塗りましょう

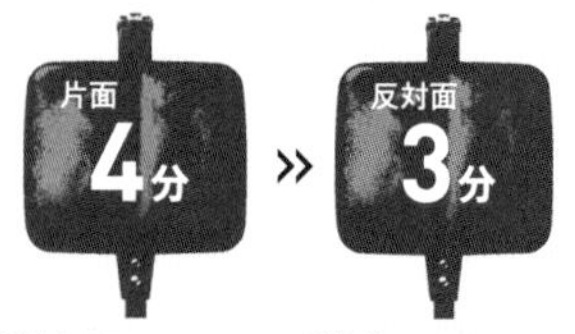

弱火（やや強め） **弱火**（やや強め）

ダブル・シングルどちらでも

8

コンロに火をつけ、焼いていきます。片面を焼き、ひっくり返して両面を焼きます。
こんがり焼き上がれば完成です。

▽

【パンの切り方】

食パンに入っている具材の方向がわからなくならないように気をつけましょう。パン切り包丁で、ノコギリのように水平に動かし切ります。
切り方は自由ですが、主な切り方は下記となります。

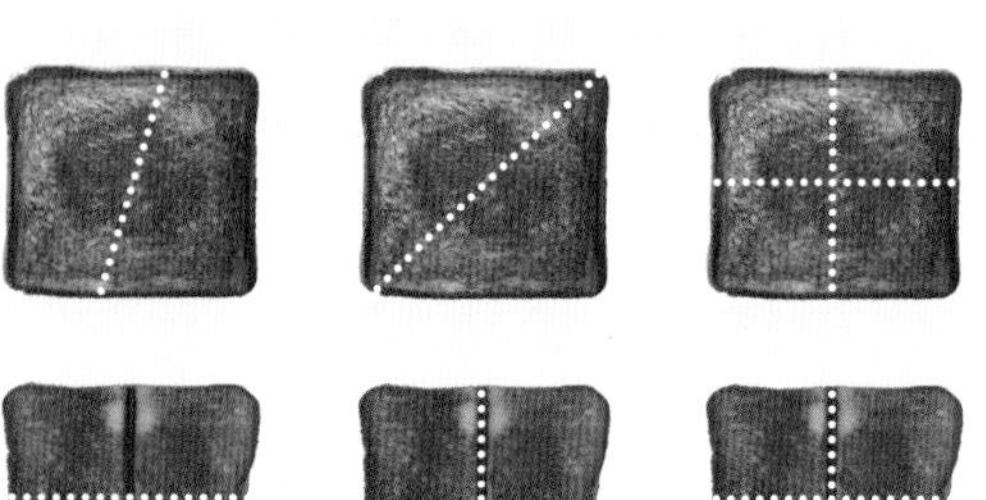

9

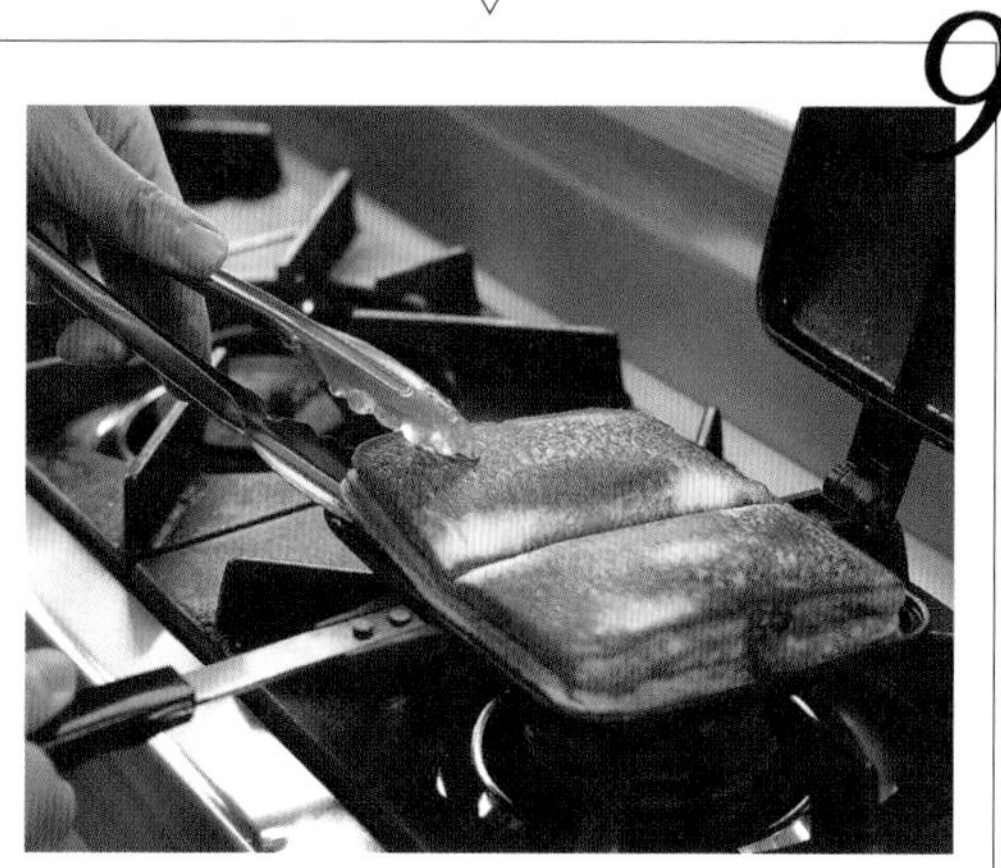

ホットサンドメーカーからトングなどで取り出します。
とても熱いので、30秒程おちつかせてから、パン切り包丁を使って切り、盛りつければ完成です。

ホットサンドのレシピ

Hot sandwich

ホットサンドを作る時、ついつい「ハムとチーズ」といった、定番具材の組み合わせに偏ってしまいがちではありませんか？

具材の組み合わせは無限です。
コツをつかんで機転をきかせれば、新たな視点を見つけられると思います。

本書では、発想を広げるヒントをたくさん掲載していますので、いろいろとお試しいただきながら、オリジナルのホットサンド作りにも挑戦していただければ幸いです。

このレシピでは、

①食パン2枚用のホットサンドメーカーの1人分の「具材」を示しています。

②具材の各レシピは、1人分だと作りにくいので、作りやすい量で表示しています。だいたい何人前かわかる場合には表示しておきました。

③火の強さにより「焼き時間の目安」は大きく異なります。途中でホットサンドメーカーを開け、焼き具合を確認して調整するようにしてください。

④ホットサンドはとても熱いので、特に「切る際」「食べる際」には、火傷にご注意ください。

Part 1 西荻ヒュッテ人気のメニュー

nishiogi hütte popular menu

250種類以上ご提供してきたホットサンドのメニューから、
人気の高かったレシピをご紹介いたします。
ぜひ、お店の味をご家庭でもお楽しみください。

Hot Sandwich

1

ハチミツの甘みと粒マスタード、ルッコラのハーモニー

ハニーマスタードチキン

【具材】◆の作り方はレシピを参照

◆ハニーマスタードチキン…4切れ
スライスチェダーチーズ…1枚
紫タマネギ(スライス)…適量
ルッコラ…適量

【作り方】

① パンにマヨネーズをしぼる。
② スライスチェダーチーズ、ハニーマスタードチキン、紫タマネギスライス、ルッコラの順にベースのパンにのせ、もう1枚のパンをかぶせて焼く。

◆ハニーマスタードチキンのレシピ

【材料】※2人分くらい

鶏ムネ肉…70g
マヨネーズ…小さじ1／2
塩・胡椒…少々
片栗粉…小さじ1
サラダ油…大さじ2
A はちみつ…小さじ1
粒マスタード…小さじ1
酒…小さじ1／2
醤油…少々

【作り方】

① 鶏ムネ肉は皮と脂をとり、一口大にそぎ切りする。
② マヨネーズと塩・胡椒をまんべんなく肉になじませ、10分程おいてマリネする。
③ ②に片栗粉をまぶし、サラダ油をひいたフライパンで揚げ焼きにする。
④ Aを合わせてから、フライパンに入れ、肉にからまったら完成です。

《パンの内側》

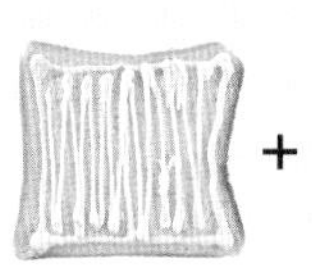

＋

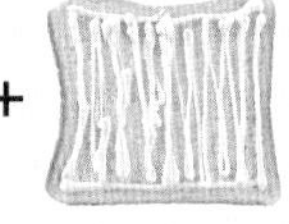
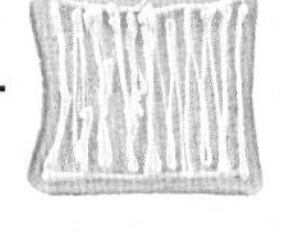

ベースのパン
マヨ全面

かぶせるパン
マヨ全面

《焼きの目安》バターを塗りましょう

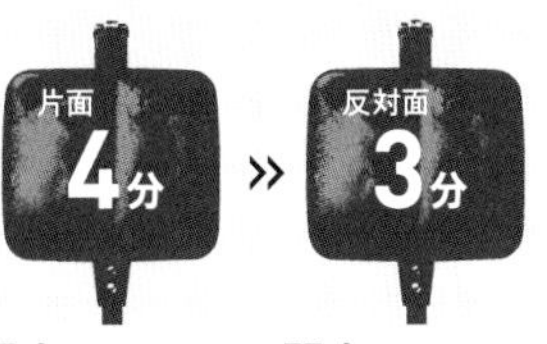

弱火(やや強め) 弱火(やや強め)
ダブル・シングルどちらでも

Hot Sandwich

2

食感と風味の違う豆を組み合わせて、深みをアップ

三種の豆のドライカレー

【具材】◆の作り方はレシピを参照

スライスチェダーチーズ…1枚

◆3種の豆のドライカレー…適量

ゆで卵（沸騰したお湯で6分半ゆでたもの）…1個

【作り方】

①パンにマヨネーズをしぼる。

②チェダーチーズ、ドライカレー、ゆで卵の順にベースのパンにのせ、もう1枚のパンをかぶせて焼く。

◆3種の豆のドライカレーのレシピ

【材料】※3人分くらい

合挽肉…250g

サラダ油…大さじ2

にんにく（みじん切り）…小さじ1

生姜（みじん切り）…小さじ1

クミンシード…小さじ1

タマネギ…1／4個（みじん切り）

セロリ…10cm分（みじん切り）

豆…今回は枝豆、ひよこ豆、レッドキドニーを使用（他の豆でももちろんOK）。全部で90gくらい

カレー粉…大さじ3

ケチャップ…大さじ1

醤油…小さじ1

塩・胡椒…適量

【作り方】

①フライパンにサラダ油、にんにく、生姜、クミンシードを入れ、弱火で香りが出るまで炒める。

②タマネギ、セロリを加え、しんなりするまで炒める。

③挽肉を加え、色が変わるまで炒める。

④豆、カレー粉、ケチャップ、醤油を加え、水分がなくなるまで炒める。

⑤塩・胡椒で味を整えて完成です。

《パンの内側》

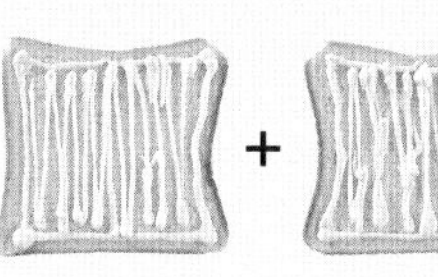

＋

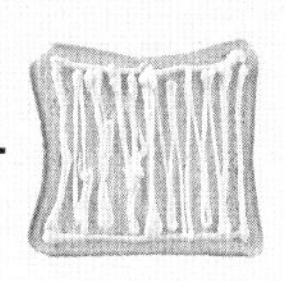

ベースのパン
マヨ全面

かぶせるパン
マヨ全面

《焼きの目安》バターを塗りましょう

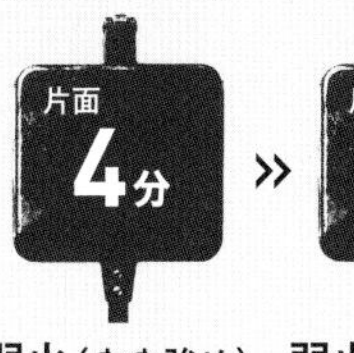

»

弱火（やや強め）　弱火（やや強め）

シングルタイプをおすすめします

Hot
Sandwich
3

冬の人気者、あまりものでもご馳走に

グラタン

【具材】
冷凍グラタン（あまりものでもOK）…1／2人前
シュレッドチーズ…1つかみ
パセリ…少々

【作り方】
① パンにマヨネーズをしぼる。
② グラタン、シュレッドチーズ、パセリの順にベースのパンにのせ、もう1枚のパンをかぶせて焼く。

※グラタンはお店では自家製でご提供しています。

《パンの内側》

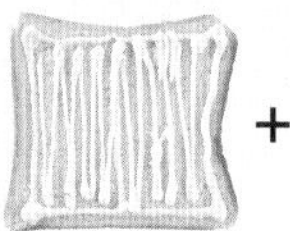

ベースのパン
マヨ全面

＋

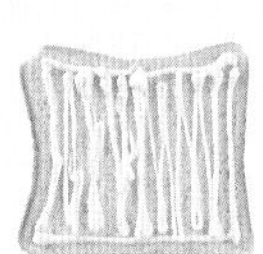

かぶせるパン
マヨ全面

《焼きの目安》バターを塗りましょう

弱火（やや強め）

»

弱火（やや強め）

ダブル・シングルどちらでも

Hot
Sandwich
4

アボカドとチーズが
爽やかな辛みを包みこむ

チリベーコン

【具材】◆の作り方はレシピを参照
スライスチェダーチーズ…1枚
ベーコン…(厚さ5㎜に切ったもの)2枚
(焦げ目がつくまで焼く)
アボカド…1/4個(スライス)
◆サルサソース…大さじ1
パクチー…1つかみ
ケチャップ…適量

①パンにマヨネーズをしぼる。
②チーズ、ベーコン、アボカド、水気を切ったサルサソース、パクチーの順にベースのパンにのせ、もう1枚のパン(内側にはケチャップを塗る)をかぶせて焼く。

◆サルサソースのレシピ

【材料】※2人分くらい
紫タマネギ(みじん切り)…大さじ1
ピーマン…1/2個(みじん切り)
プチトマト…2個(ざく切り)
パクチーの茎…5㎝(みじん切り)
青唐辛子…1/2本(小口切り)
ライム汁…1/6個分
おろしにんにく…1/4片分
タバスコ…適量

①材料を全部合わせて、塩(分量外)で味を整える。

《パンの内側》

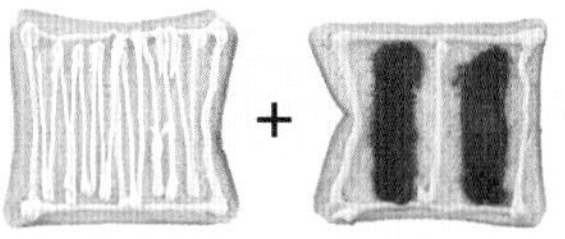

\+

ベースのパン
マヨ全面

かぶせるパン
ケチャップ+マヨ縁

《焼きの目安》
バターを塗りましょう

片面 4分 » 反対面 3分
弱火(やや強め)　弱火(やや強め)
ダブル・シングルどちらでも

POINT
ルッコラが2つのバルサミコ具材の味を引き締めてくれます。
少し多めに入れることをおすすめします。

Hot Sandwich
5

バルサミコの爽やかな酸味とタマネギの甘みが絶妙にマッチング

バルサミコチキン

【具材】◆の作り方はそれぞれのレシピを参照
◆タマネギバルサミコソテー…大さじ2
◆バルサミコチキン…2切れ
シュレッドチーズ…適量
ルッコラ…適量

【作り方】
① パンにマヨネーズをしぼる。
② タマネギ、チキン、チーズ、ルッコラの順にベースのパンにのせ、もう1枚のパンをかぶせて焼く。

◆タマネギバルサミコソテーのレシピ

【材料】※4人分くらい
タマネギ…1個
オリーブオイル…大さじ1
バター…10g
A バルサミコ酢…大さじ2
砂糖…小さじ1
醤油…小さじ1

【作り方】
① タマネギは半分に切り、1cm幅に切る。
② フライパンにオリーブオイル、バターを熱し、タマネギを炒める。
③ タマネギがしんなりしたら、Aを入れ水分がなくなるまで炒めて完成。

◆バルサミコチキンのレシピ

【材料】※4人分くらい
鶏モモ肉…1枚
バルサミコ酢…大さじ1
オリーブオイル…大さじ1/2
おろしにんにく…1/2片分
ローズマリー…小さじ1(刻む)
塩…小さじ1/2
胡椒…少々

【作り方】
① 鶏モモ肉は余分な脂を取り除き、フォーク等で穴を数カ所あける。
② ビニール袋に材料を全部入れよくもむ。
③ 1時間ほど寝かせる。
④ オリーブオイル(分量外)をひいたフライパンで皮目から焼く。焦げ目がついたら返し、火が通るまで焼く。

《パンの内側》

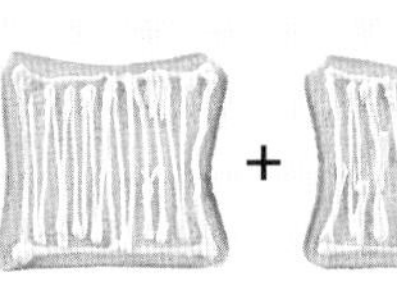
ベースのパン
マヨ全面

+

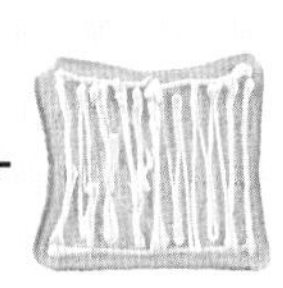
かぶせるパン
マヨ全面

《焼きの目安》バターを塗りましょう

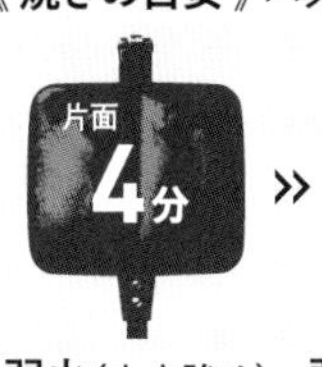

弱火(やや強め)

»

弱火(やや強め)

ダブル・シングルどちらでも

POINT
クレソン多めがおすすめです。
具材の組み立て写真では、下の具材が見えなくなるので、少し間引いています。

Hot Sandwich

6 ごぼうハンバーグ

きんぴらごぼうをプラスして、旨さと食感をアップ

【具材】◆の作り方はレシピを参照

プロセスチーズ…適量

◆ごぼうハンバーグ…2つ

クレソン…適量

【作り方】

① パンにマヨネーズをしぼる。

② チーズ、ハンバーグ、クレソンの順にベースのパンにのせ、もう1枚のパンをかぶせて焼く。

◆ごぼうハンバーグ

【材料】※4人分くらい

ごぼう…1/2本

ゴマ油…小さじ2

A 砂糖…小さじ1

酒…小さじ1

醤油…小さじ1と1/2

合挽肉…300g

卵…1個

パン粉…大さじ1

塩…2つまみ

胡椒…少々

B 醤油…小さじ1と1/2

酒…大さじ1

みりん…大さじ1

砂糖…小さじ1

◇水溶き片栗粉

片栗粉…小さじ1

水…大さじ2

いりゴマ…大さじ2

【作り方】

① きんぴらごぼうを作る。ごぼうは縦半分に切り、斜めにスライスし水にさらす。

② フライパンに水気を切ったごぼうとゴマ油を入れて炒める。

③ ごぼうがしんなりしたら、Aを入れ水分がなくなるまで炒める。

④ 合挽肉に卵、パン粉、塩、胡椒を合わせ、ねばりが出るまでよく練る。

⑤ 冷ましたきんぴらごぼうを加えて混ぜる。

⑥ 8等分にし、サラダ油（分量外）をひいたフライパンで両面焼き色がつくまで焼く。

⑦ Bを入れ、水溶き片栗粉を加えてあんをからめ、仕上げにごまを振る。

《パンの内側》

ベースのパン マヨ全面 ＋ かぶせるパン マヨ全面

《焼きの目安》バターを塗りましょう

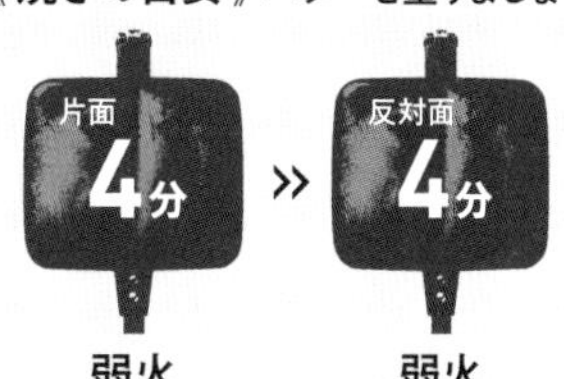

弱火 ≫ 弱火

ダブル・シングルどちらでも

Hot Sandwich 7

豚キムチ

相性のよい発酵食品を組み合わせて

【具材】◆の作り方はレシピを参照

韓国海苔…2枚
えごまの葉…2枚
◆豚キムチ炒め…適量
シュレッドチーズ…1つかみ

【作り方】

①パンにマヨネーズをしぼる。
②韓国海苔、えごまの葉、豚キムチ、チーズの順にベースのパンにのせ、もう1枚のパンを焼く。

◆豚キムチのレシピ

【材料】※4人分くらい

ごま油…小さじ1
キムチ…100g
豚バラ肉…100g

【作り方】

①フライパンにごま油をひき、キムチを水分がなくなるまで炒める。
②豚肉を加えて炒め、火が通ったら完成。

《パンの内側》

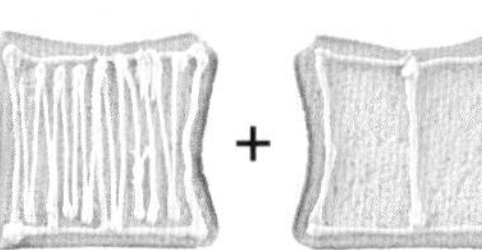

ベースのパン
マヨ全面

かぶせるパン
マヨ縁

《焼きの目安》バターを塗りましょう

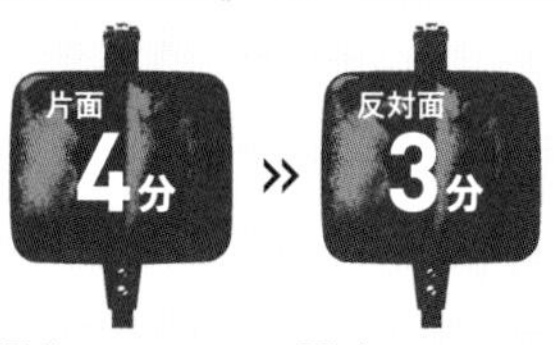

弱火（やや強め）　弱火（やや強め）
ダブル・シングルどちらでも

Hot Sandwich
8

ペンネの断面、辛さ、追いチーズも楽しむ

アラビアータ

【具材】

◇ペンネアラビアータ…適量
シュレッドチーズ…1つかみ
モッツァレラスライスチーズ…1枚
バジル…少々

【作り方】

① パンにマヨネーズをしぼる。
② ペンネアラビアータ、チーズの順にベースのパンにのせ、もう1枚のパンをかぶせる。
③ ②の上にモッツァレラスライス、バジル、クッキングシート(パンのサイズに切ったもの)をのせて、メーカーにはさんで焼く。

※ホットサンドメーカーのクッキングシート側にはバターは塗りません。

◇ペンネアラビアータ
つくった残りものや市販品、冷凍食品をお使いください。

←かぶせるパンの外側(この上にクッキングシート)

《パンの内側》

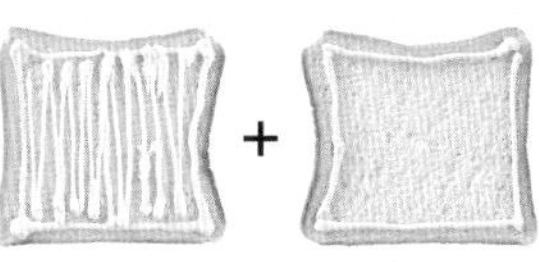
+
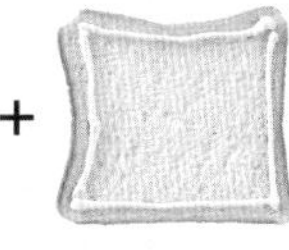

ベースのパン
マヨ全面

かぶせるパン
マヨ縁

《焼きの目安》※片面だけにバター

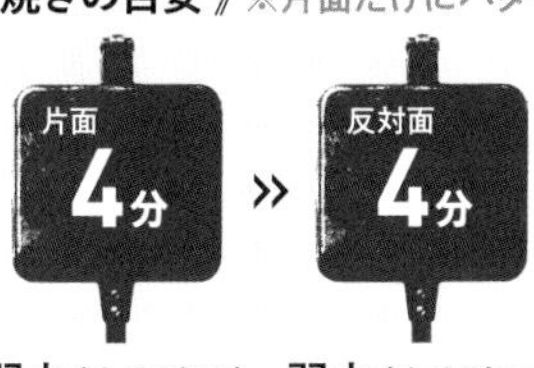

弱火(やや強め) 弱火(やや強め)
シングルタイプをおすすめします

Hot Sandwich

9

明太クリームパスタ

日本生まれのパスタはホットサンドにもよく合います

【具材】◆の作り方はレシピを参照

大葉…2枚

◆明太クリームスパゲッティ…適量

シュレッドチーズ…1つかみ

【作り方】

① パンにマヨネーズをしぼる。

② 大葉、明太クリームスパゲッティ、チーズの順にベースのパンにのせ、もう1枚のパンをかぶせて焼く。

◆明太クリームスパゲッティのレシピ

【材料】※2人分くらい

パスタ…80g

オリーブオイル…大さじ2

にんにく…1/2片(みじん切り)

冷凍イカ…80g

エリンギ…1本

(スライスして1㎝幅に切る)

生クリーム…100㎖

明太子…40g(薄皮をとる)

粉チーズ…小さじ1

塩・胡椒…適量

【作り方】

① 塩(分量外)を入れたお湯でパスタを表示時間通り茹でる。

② フライパンにオリーブオイルとみじん切りにしたにんにくを入れ、弱火で香りが出るまで炒める。

③ イカ、エリンギを加えて炒める。

④ 生クリーム、茹で上がったパスタを加え全体を混ぜる。

⑤ 火を止め、明太子、粉チーズを混ぜ塩・胡椒で味を整えて完成。

《パンの内側》

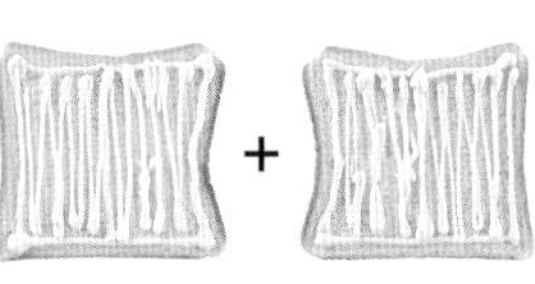

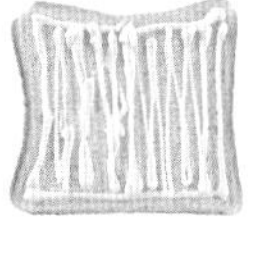

ベースのパン
マヨ全面

かぶせるパン
マヨ全面

《焼きの目安》バターを塗りましょう

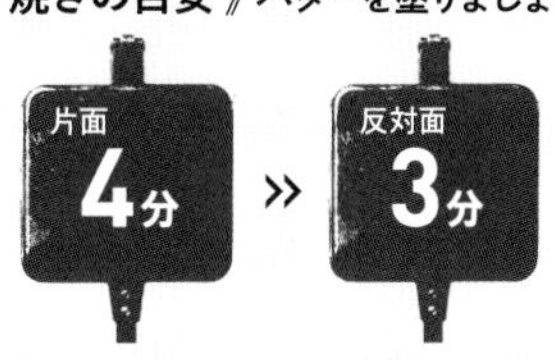

弱火(やや強め) 弱火(やや強め)
シングルタイプをおすすめします

Hot Sandwich

10

照り焼きチキン

みんな大好き甘じょっぱい照り焼きに、菜の花の苦みを合わせる

【具材】◆の作り方はそれぞれのレシピを参照

◆照り焼きチキン…2切

◆焼き菜の花辛子マヨ和え…適量

【作り方】

①パンにマヨネーズをしぼる。

②照り焼きチキン、焼き菜の花の順にベースのパンにのせ、もう1枚のパンをかぶせて焼く。

◆照り焼きチキンのレシピ

【材料】※4人分くらい

鶏モモ肉…1枚

塩…少々

片栗粉…適量

A みりん…大さじ2

醤油…大さじ2

酒…大さじ2

砂糖…大さじ1

【作り方】

①鶏モモ肉の余分な皮と脂をとる。

②軽く塩をし、片栗粉をまぶす。

③サラダ油(分量外)をひいたフライパンで皮目から焼く。余分な油が出てきたらキッチンペーパーで拭き取る。

④皮目がパリッとなったら返して裏面も焼く。

⑤裏面の肉の色が変わったらAを入れ、とろみがつくまで煮詰める。

⑥タレを肉に絡ませて完成。

◆焼き菜の花辛子マヨ和えのレシピ

【材料】※4人分くらい

菜の花…3本くらい

マヨネーズ…小さじ1

和辛子…小さじ1/4

【作り方】

①菜の花を4等分に切る。

②フライパンに油をひかずに菜の花を焦げ目がつくまで焼く。

③粗熱がとれたらマヨネーズ、辛子を和える。

《パンの内側》

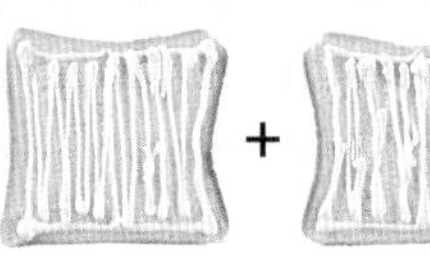

ベースのパン マヨ全面 ＋ かぶせるパン マヨ全面

《焼きの目安》バターを塗りましょう

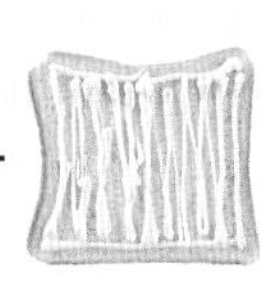

弱火(やや強め) ≫ 弱火(やや強め)

ダブル・シングルどちらでも

PART 2

卵が主役！

全体をマイルドにしてくれる卵。
脇役にまわって良い仕事をしてくれますが、しっかり「主役」をはっている料理もたくさんあります。

LOVE タマゴ！
卵大好き！な方におすすめのホットサンドをご紹介いたします。

Hot
Sandwich

11

「親子丼」をホットサンドにアレンジ

チーズ入り親子丼風サンド

【具材】◆の作り方はそれぞれのレシピを参照
海苔…四つ切り1枚
◆親子丼の具…適量
◆出汁入りスクランブルエッグ…大さじ2
シュレッドチーズ…1つかみ
みつば…1つかみ

【作り方】
① パンにマヨネーズをしぼる。
② 海苔、親子丼の具、スクランブルエッグ、チーズ、みつばの順にベースのパンにのせ、もう1枚のパンをかぶせて焼く。

◆親子丼の具のレシピ

【材料】※2人分くらい
鶏モモ肉…170g(1/2枚)
鰹出汁…80cc
酒…大さじ1
タマネギ…1/4コ(スライス)
醤油…大さじ1
みりん…大さじ1
砂糖…大さじ1/2

【作り方】
① 鶏肉の余分な脂を取り、1口大に切る。
② 鍋に鰹出汁、酒、鶏肉、タマネギを入れ中火で煮る。
③ アクをとり、肉の色が変わりタマネギがしんなりしたら醤油、みりん、砂糖を加え5分程煮る。
④ 火を止め粗熱をとる。

◆出汁入りスクランブルエッグのレシピ

【材料】※2人分くらい
卵…2個
親子丼の具の煮汁…大さじ1と1/2
◇水溶き片栗粉
片栗粉…小さじ1
水…小さじ1
塩…少々

【作り方】
① 材料を全て合わせてよく混ぜて卵液を作る。
② フライパンに少量のサラダ油(分量外)をひき、卵液を流し入れスクランブルエッグを作る。

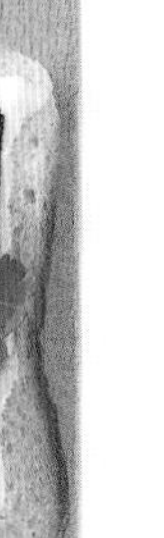

《パンの内側》

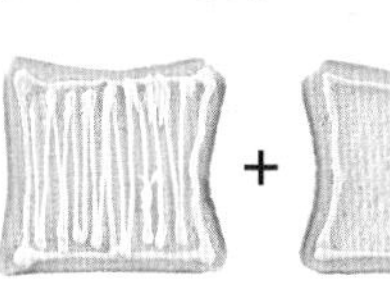

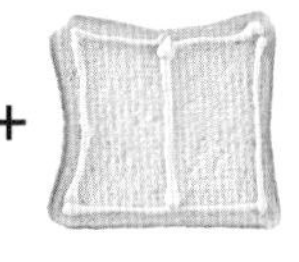

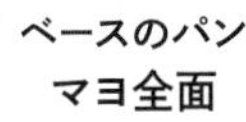

ベースのパン
マヨ全面

かぶせるパン
マヨ縁

《焼きの目安》バターを塗りましょう

弱火(やや強め)　弱火(やや強め)
ダブル・シングルどちらでも

Hot Sandwich

12

甘じょっぱさとドライトマトがアクセント

甘から卵とドライトマト

【具材】◆の作り方はレシピを参照

ベーコン…（厚さ5㎜に切ったもの）4枚（焦げ目がつくくらい焼いても焼かなくてもOK）

◆甘から卵…2切

ドライトマト…1個（5㎜角くらいに切り、水で戻したあと、水気をしぼる）

シュレッドチーズ…1つかみ

【作り方】

①パンにマヨネーズをしぼる。

②ベーコン、甘から卵、ドライトマト、チーズの順にベースのパンにのせ、もう1枚のパンをかぶせて焼く。

◆甘から卵のレシピ

【材料】※2人分くらい

卵…2個（割り溶いておく）

サラダ油…大さじ1

A 醤油…小さじ1

みりん…小さじ1／2

砂糖…小さじ1／2

【作り方】

①溶いた卵をサラダ油をひいたフライパンに流し入れ、オムレツを作る。

②フライパンにAを混ぜたものを流し入れ、オムレツにからませる。（まわりに味をつけるイメージです）

《パンの内側》

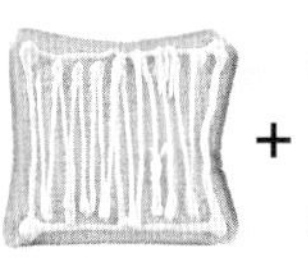

ベースのパン
マヨ全面

＋

かぶせるパン
マヨ全面

《焼きの目安》バターを塗りましょう

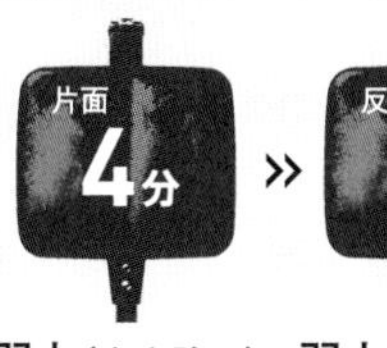

弱火（やや強め）　弱火（やや強め）

ダブル・シングルどちらでも

POINT
食感と味の違う卵具材を堪能するためのホットサンドです。
出汁入りなので、和をほんのり感じます。ぜひお試しを。

Hot Sandwich

13

出汁入りスクランブルエッグとうずらの味玉でランラン♪

うずら卵々（らんらん）

【具材】◆の作り方はそれぞれのレシピを参照
◆出汁入りいり卵…適量
◆うずら味玉…5個
辛子…少々

【作り方】
①パンにマヨネーズをしぼる。
②出汁入りいり卵、うずら味玉の順にベースのパンにのせ、もう1枚のパン（内側には辛子を塗る）をかぶせて焼く。

◆出汁入りいり卵のレシピ

【材料】※4人分くらい
A 卵…2個
　マヨネーズ…小さじ1
　塩…少々
　砂糖…小さじ1
　顆粒和風だし…小さじ1／4
サラダ油…大さじ1

【作り方】
①Aをよく混ぜ、サラダ油をひいたフライパンでいり卵を作る。

◆うずら味玉のレシピ

【材料】※2人分くらい
うずらの卵水煮…12個（1パック）
めんつゆ（3倍濃縮）…大さじ2
水…大さじ2

【作り方】
①鍋に材料を全部入れ弱火にかける。
②沸騰してから4分で火を止め、そのまま冷ます。

《パンの内側》

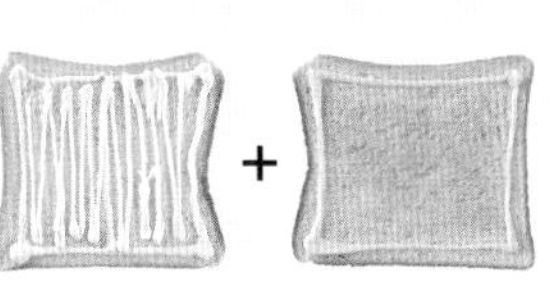

ベースのパン
マヨ全面

かぶせるパン
からし＋マヨ縁

《焼きの目安》バターを塗りましょう

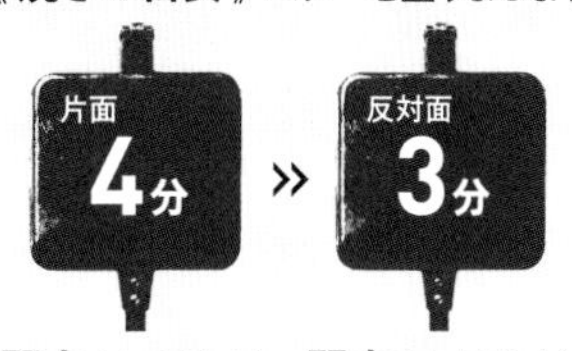

弱火（やや強め）　弱火（やや強め）
シングル・ダブルどちらでも

Hot Sandwich
14

空豆オムレツ

赤、蒼(あお)、黄色の断面がたまりません

【具材】◆の作り方はレシピを参照
ベーコン …(厚さ5㎜に切ったもの)2枚(焦げ目がつくくらい焼いても焼かなくてもOK)
◆空豆入りオムレツ … 2切れ
シュレッドチーズ … 1つかみ

【作り方】
① パンにマヨネーズをしぼる。
② ベーコン、空豆入りオムレツ、チーズの順にベースのパンにのせ、もう1枚のパンをかぶせて焼く。

◆空豆入りオムレツのレシピ

【材料】※4人分くらい
卵 … 2個
塩 … 少々
空豆の塩茹で … 100g(薄皮取る)
オリーブオイル … 少々

【作り方】
① 卵と塩を混ぜ、空豆を加えて卵液を作り、オリーブオイルをひいたフライパンに流し、オムレツを作る。

《パンの内側》

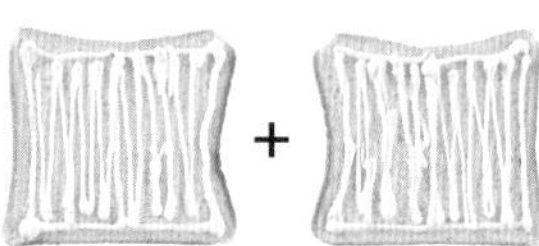

ベースのパン
マヨ全面

かぶせるパン
マヨ全面

《焼きの目安》バターを塗りましょう

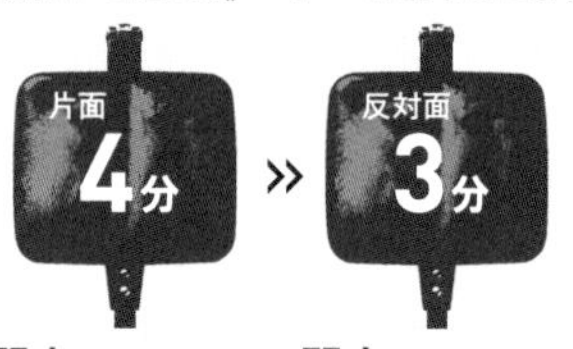

弱火(やや強め)　弱火(やや強め)
ダブル・シングルどちらでも

ホットサンドの定食のサイドメニュー

Side menu for bread set meal

せっかくの手作りホットサンド。
どうせならもっと美味しく楽しくいただきたいですよね？

ホットサンドを「定食」にすると、サラダや箸休めとの組み合わせで、無限のバリエーションが生まれます。

現在の旬は？　どこで食べるのか？　誰と食べるのか？　どんな味を食べたいのか？　こんな組み合わせ楽しそう…、などなど。
発想の制限は不要です。

新しいことに挑むもよし、ひとつのことを追求するもよし…。

大げさになってきましたが、ホットサンドを定食にしてみる…というだけで、発想の幅が大きく広がります。
そして、美味しくて楽しいですよ。
ぜひ、お試しあれ。

このレシピでは、
①全て作りやすい量で記載しています。

Side Menu
15

カリカリ、サクサク！お店の看板メニュー

じゃがいものガレット

【材料】※26㎝のフライパン1枚分
じゃがいも…500g
にんにく…1／2片
無塩バター…30g
オリーブオイル…適量
フルールドセル（大粒の天日塩）…少々

【作り方】
① じゃがいもの皮をむき、千切りにする（お店ではスライサーを使っています）。
② にんにくも千切りにし、じゃがいもと混ぜる。
③ フライパンにバターを溶かし、②を入れ形を整え弱火で15分焼く。
④ 大きなお皿等を使って上下を返し、鍋肌にぐるりとオリーブオイルをかけ、弱火で15分焼く。
⑤ 仕上げにフルールドセルを振って完成。
※ お店では提供の直前に少量のオリーブオイルで焼き直し、表面がカリッとしたらフルールドセルを振っています。

《焼きの目安》

POINT
まず、このドレッシングでグリーンサラダをつくり、次ページの具材と合わせて、美味しいサラダ完成させてください。

Side Menu 16

どんなサラダにも合う万能ドレッシング

自家製ドレッシング

【材料】※作りやすい量

タマネギ…100g
にんにく…1／2片
Aきび砂糖…大さじ2
醤油…大さじ2
粗塩…小さじ1と1／2
ディジョンマスタード…小さじ1
穀物酢…50㎖
サラダ油…100㎖

【作り方】

①タマネギとにんにくはすりおろし、600Wの電子レンジで1分加熱する。

②①とAを泡立て器などでよく混ぜ、サラダ油を少しずつ加え乳化させて完成。

※お店では小型のブレンダーを使用して作っています。

※ドレッシング以外にもステーキソースなどとしても利用できます。

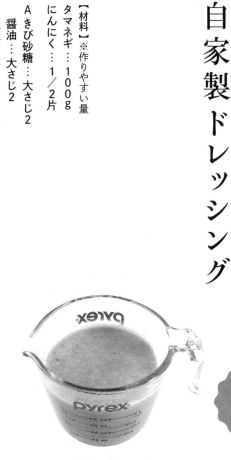

Side Menu 17

サーディンの缶詰を無駄なく利用

オイルサーディンとキャベツ

【材料】※作りやすい量
キャベツ…1／4個（300g）
塩…小さじ1／2
オイルサーディン…45g（油は別にしておく）
ケッパー…20粒（みじん切り）
A サーディン缶の油…大さじ1と1／2
にんにくのみじん切り…小さじ1／2
塩・胡椒…適量

① キャベツはざく切りにし、塩をもみしんなりしたら水気をしぼる。
② オイルサーディン、ケッパーを加えて混ぜる。
③ フライパンにAを入れ弱火にかけ、にんにくの香りが出たら、②と合わせる。
④ 塩・胡椒で味を整えて完成。

ほどよい辛味と苦味

大根とホタテ柚子胡椒マヨ

【材料】※作りやすい量
大根…5㎝分くらい
塩…小さじ1／2
ホタテ貝柱の刺身…80g
A 柚子胡椒…小さじ1／2
マヨネーズ…大さじ1
胡椒…少々

① 大根は皮をむき、半分に切ってスライスする。
② 大根に塩をもみ、10分ほどおいて水気をしぼる。
③ ホタテは半分にスライスし、②とAを合わせて完成。

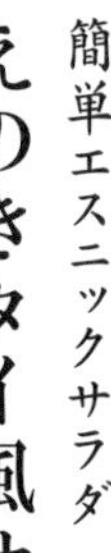

サラダ

簡単エスニックサラダ

えのきタイ風サラダ

【材料】※作りやすい量
鶏挽肉…200g
えのき茸…1株
紫タマネギ…1／4個（スライス）
青唐辛子…適量
A 砂糖…小さじ1／2
ナンプラー…大さじ1＋小さじ1
ライム汁…1／2個分（レモン汁でも可）
パクチー…適量

① 鶏挽肉、えのき茸はそれぞれ茹でる。
② ①に紫タマネギと小口切りにした青唐辛子とAを混ぜ、パクチーをのせて完成。

Side Menu 20

コリンキーの食感が楽しい

コリンキーとスモークサーモンのマリネ

【材料】※作りやすい量
コリンキー…1／2個
塩…小さじ1／2
A スモークサーモン…100g
紫タマネギ…1／4個（スライス）
ケッパー…15粒くらい（刻む）
レモン汁…1／2個分
白ワインビネガー…大さじ1
オリーブオイル…大さじ1

① コリンキーは皮と種をとり、ピーラーでリボン状にスライスする。
② 塩でもんで10分ほどおき、水気をしぼる。
③ Aとよく和えて完成。

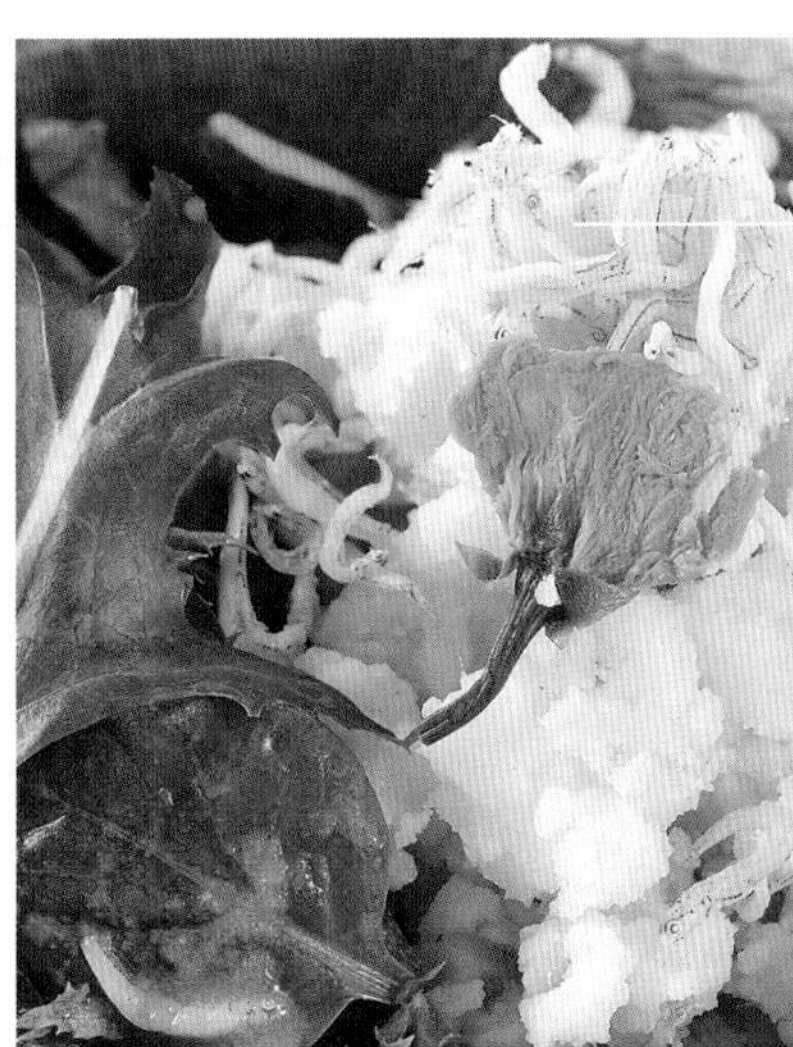

しらすとほんのり桜の香りのハーモニー

桜の花ポテサラ

【材料】※作りやすい量
じゃがいも…3個（350g）
A 梅酢…小さじ1
マヨネーズ…大さじ2と1／2
砂糖…1つまみ
桜の花の塩漬け…10個（水につけて塩抜きをする）
しらす干し…適量
胡椒…適量

① じゃがいもは皮をむいて加熱し（蒸しても茹でても、レンチンでも大丈夫です。お店では蒸しています）、マッシュ状にする。
② Aと、水気をしぼりガクの部分を取ってほぐした桜の花を①によく混ぜる。
③ 仕上げにしらす干しと胡椒をかけて完成。

ハーブたっぷりタブレ

【材料】※作りやすい量
クスクス…1／2カップ　熱湯…1／2カップ
A 塩…小さじ1／2　レモン汁…大さじ2
白ワインビネガー…小さじ1
おろしにんにく…小さじ1／4
B オリーブオイル…大さじ1
クミンシード…小さじ1
C 紫タマネギ（みじん切り）…大さじ1
プチトマト…適量（8等分にカット）
ミント、パセリ、パクチーなどのハーブ…たっぷり（みじん切り）

① クスクスに熱湯をかけ、ラップをかけて15分ほど蒸らす。
② Aを加えよく混ぜる。
③ フライパンにBを入れ、弱火でクミンシードが黒っぽくなるまで火にかける。
④ ③を②にかけ、Cを加えよく混ぜる。塩（分量外）で味を整え完成。

簡単、やみつきの美味しさ

レタス浅漬け

【材料】※作りやすい量

レタス…1玉

めんつゆ(3倍濃縮)…大さじ4

酢…大さじ1

【作り方】

① レタスは大きめにちぎり、ざっと洗う。

② 水気をよく切り、めんつゆ、酢とジッパー付きの食品保存袋などに入れ、一晩おいたら完成。

Side Menu 23

和中折衷の美味しい和えもの

梅ザーサイ白菜和え

【材料】※作りやすい量

白菜…140g

梅肉…5g

ザーサイ…15g(刻む)

オリーブオイル…小さじ1

【作り方】

① 白菜は5㎜幅に切り、洗って水気を切る。

② 梅肉とザーサイを白菜にもみこみ、少ししんなりするまでおいておく。

③ オリーブオイルを和える。

有名な産地のかぶをシンプルに楽しむ

野辺地(のへじ)かぶと生ハム

【材料】※作りやすい量

かぶ(青森・野辺地産)…適量

生ハム…適量

オリーブオイル…適量

フルールドセル(大粒の天日塩)…適量

【作り方】

① かぶは8等分くらいのくし切りにし、生ハムを添え、上からオリーブオイル、フルールドセルをかける。

※野辺地産のかぶでなくても作れますが、見かけたら、ぜひ。新鮮なものなら皮付きでOKです。

Side Menu 26

干し柿のなますが爽やか

セロリと柿のなます

【材料】※作りやすい量
セロリ…1本
塩…2つまみ
干し柿…1／2個
砂糖…小さじ1／4
酢…大さじ1／2

【作り方】
① セロリは葉と筋を取り、スライスする。
② 塩でもんで10分ほどおき、水気をしぼる。
③ 細かく切った干し柿、砂糖、酢を合わせて完成。

食感が箸休めにぴったり

おかひじきのナムル

【材料】※作りやすい量
おかひじき…1パック
おろしにんにく…小さじ1／4
ゴマ油…小さじ1
塩…適量
いりゴマ…適量

【作り方】
① おかひじきは根元を切り落とし、さっとゆでる。
② 水気を切って、にんにく、ゴマ油、塩と和え、仕上げにゴマをふる。

定食を色鮮やかに彩る

紫キャベツのラペ

【材料】※作りやすい量
紫キャベツ…1／4個
塩…小さじ1／2
A はちみつ…小さじ1／2
クミンパウダー…1振り
白ワインビネガー…大さじ1
オリーブオイル…小さじ1

【作り方】
① 紫キャベツは千切りにし、塩でもみ10分程おく。
② 水気を絞り、Aを合わせ完成。

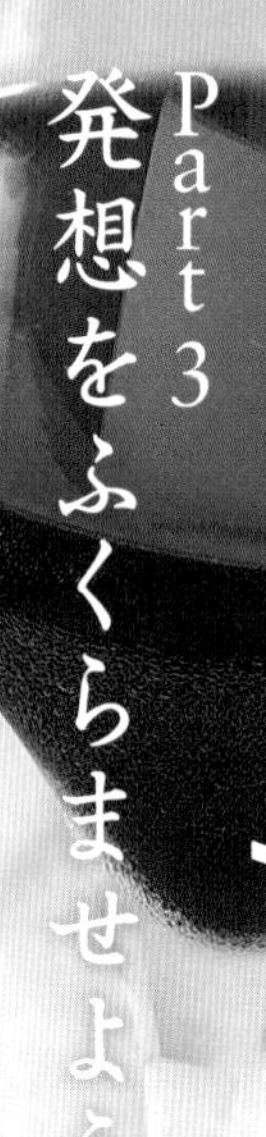

Let's expand the idea
Part 3 発想をふくらませよう

少しクセの強い食材や食感が楽しい食材を、ちょっと意外(?)な組み合わせで楽しみます。組み合わせの発想をふくらませれば、自分だけのオリジナルメニューを見つけられるかも?

Hot Sandwich

29

意外!?「ガリ」が旨さのポイント
レバーソテーと新生姜甘酢漬け

【具材】◆の作り方はレシピを参照

◆レバーソテー…4切れ
◆オニオンソテー…適量
新生姜甘酢漬け（ガリ）…大さじ1
シュレッドチーズ…1つかみ
クレソン…適量

【作り方】

① パンにマヨネーズをしぼる。
② レバー、オニオン、ガリ、チーズ、クレソンの順にベースのパンにのせ、もう1枚のパンをかぶせて焼く。

※ レバーとオニオンは一緒にソテーし、完成したものを分けて使います。

◆レバーとオニオンのソテーのレシピ

【材料】※2人分くらい

鶏レバー…200g
塩・胡椒…少々
小麦粉…大さじ1
バター…5g
オリーブオイル…大さじ1
にんにく…1片（つぶす）
唐辛子…1本（種をとる）
タマネギ…1／4個
（4等分にくし切り）

【作り方】

① レバーは一口大に切り、筋をとって血合いを洗い流し、水気を切る。
② レバーに塩・胡椒をし、小麦粉をつける。
③ フライパンにバターとオリーブオイル、にんにく、唐辛子を入れて弱火にかけ、にんにくに焦げ目がついたら唐辛子とにんにくを取り除く。
④ レバーを入れ、片面が焼けたら返し、タマネギを入れる。
⑤ タマネギがしんなりして、レバーに火が通ったら、塩・胡椒で味を整え完成。

《パンの内側》

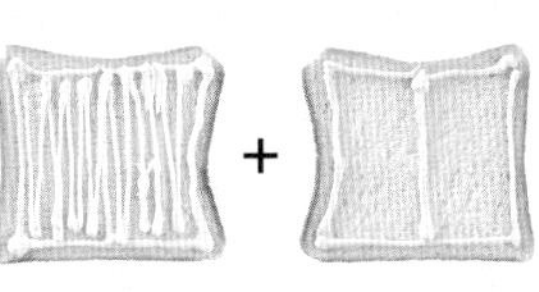

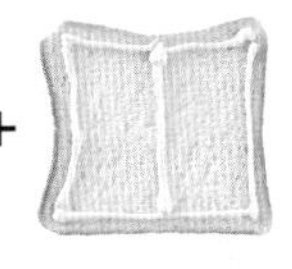

ベースのパン
マヨ全面

かぶせるパン
マヨ縁

《焼きの目安》バターを塗りましょう

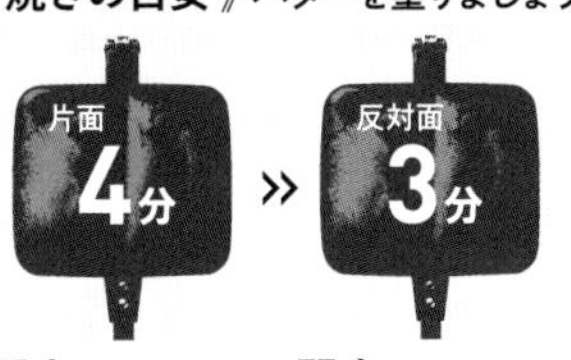

弱火（やや強め）　弱火（やや強め）
ダブル・シングルどちらでも

POINT

今回は、くわいの水煮缶を使用していますが、日本のくわいとは種類が違います。
しゃくしゃくとした食感が楽しい食材です。

Hot Sandwich

30

豚とくわいの黒酢炒め

くわいの独特な食感を、中華味で楽しむ

【具材】◆の作り方はレシピを参照

◆豚とくわいの黒酢炒め…適量

【作り方】

①パンにマヨネーズをしぼる。

②黒酢炒めをベースのパンにのせ、もう1枚のパンをかぶせて焼く。

◆豚とくわいの黒酢炒めのレシピ

【材料】※2人分くらい

豚切落とし…100g
片栗粉…小さじ2
ごま油…小さじ1
A くわい水煮缶…60g
タマネギ…1／6個
(1cm幅に切る)
パプリカ…1／8個
(1cm幅に切る)
B 黒酢…小さじ2
砂糖…小さじ1
醤油…小さじ2
酒…小さじ1／2
おろしにんにく…小さじ1／4

【作り方】

①豚肉に片栗粉をまぶす。

②ごま油をひいたフライパンで豚肉の色が変わるまで焼く。

③Aを加え、タマネギがしんなりするまで炒める。

④Bを加え、ざっと混ぜて完成。

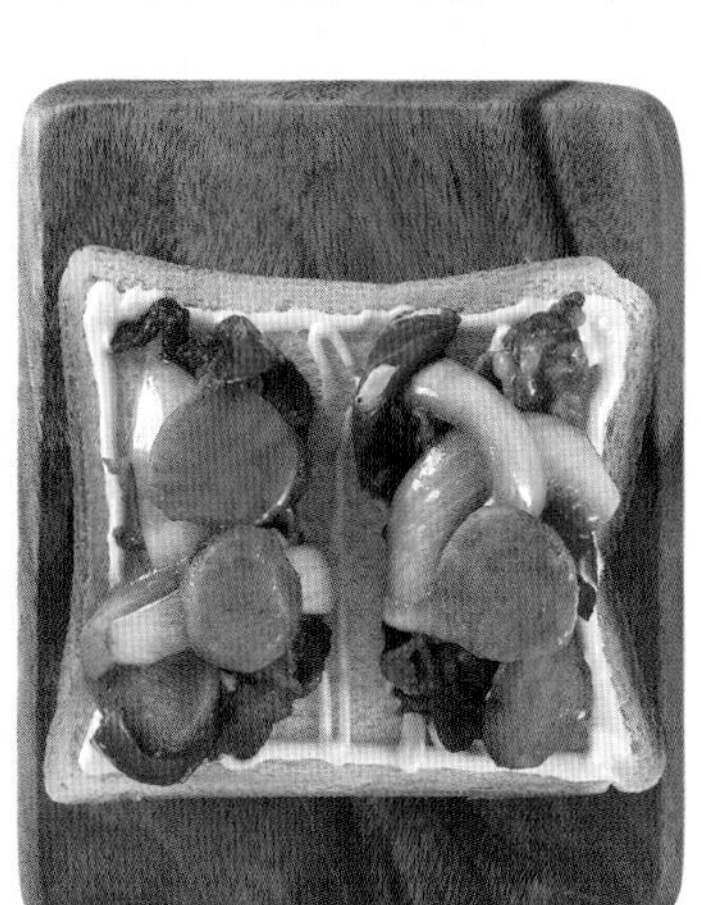

《パンの内側》

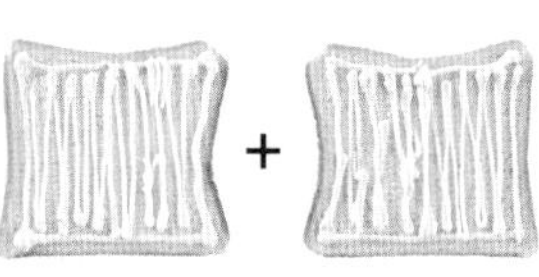

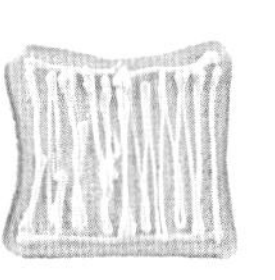

ベースのパン
マヨ全面

かぶせるパン
マヨ全面

《焼きの目安》バターを塗りましょう

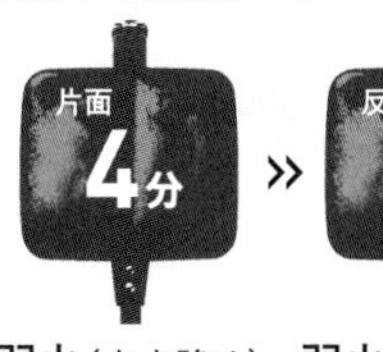

弱火(やや強め) 弱火(やや強め)

ダブル・シングルどちらでも

Hot Sandwich 31

海苔と焼いた食パンで大変身
いか山芋焼き

【具材】◆の作り方はそれぞれのレシピを参照

焼海苔…四つ切り1枚
◆いかの山芋焼き…1個
ラー油…少々
シュレッドチーズ…1つかみ

① パンにマヨネーズをしぼる。
② 海苔、ラー油をふった山芋焼き、チーズの順にベースのパンにのせ、もう1枚のパンをかぶせて焼く。

◆いかの山芋焼きのレシピ

【材料】※3枚分

いか刺…80g
酒…大さじ1
大和芋…200g
ニラ…20g（1cmに切る）
ゴマ油…大さじ1
A 卵…1個
　小麦粉…25g
　片栗粉…30g
塩…小さじ1／2

① いかに酒をふり、もんでおく。
② すりおろした大和芋に、いか、ニラ、Aを混ぜる。
③ ゴマ油をひいたフライパンに、パンに挟める大きさに流し入れ、両面を焼く。

《パンの内側》

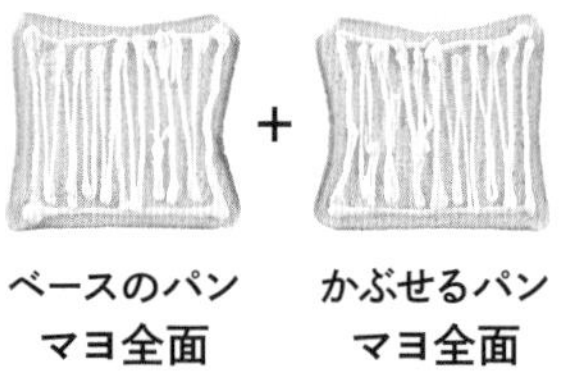

ベースのパン マヨ全面 ＋ かぶせるパン マヨ全面

《焼きの目安》バターを塗りましょう

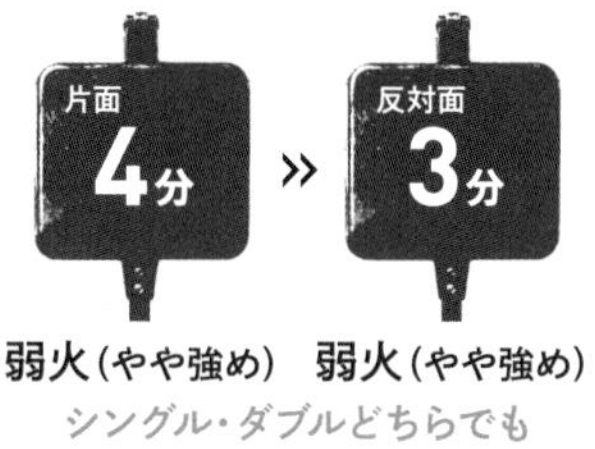

片面 4分 » 反対面 3分

弱火（やや強め）　弱火（やや強め）

シングル・ダブルどちらでも

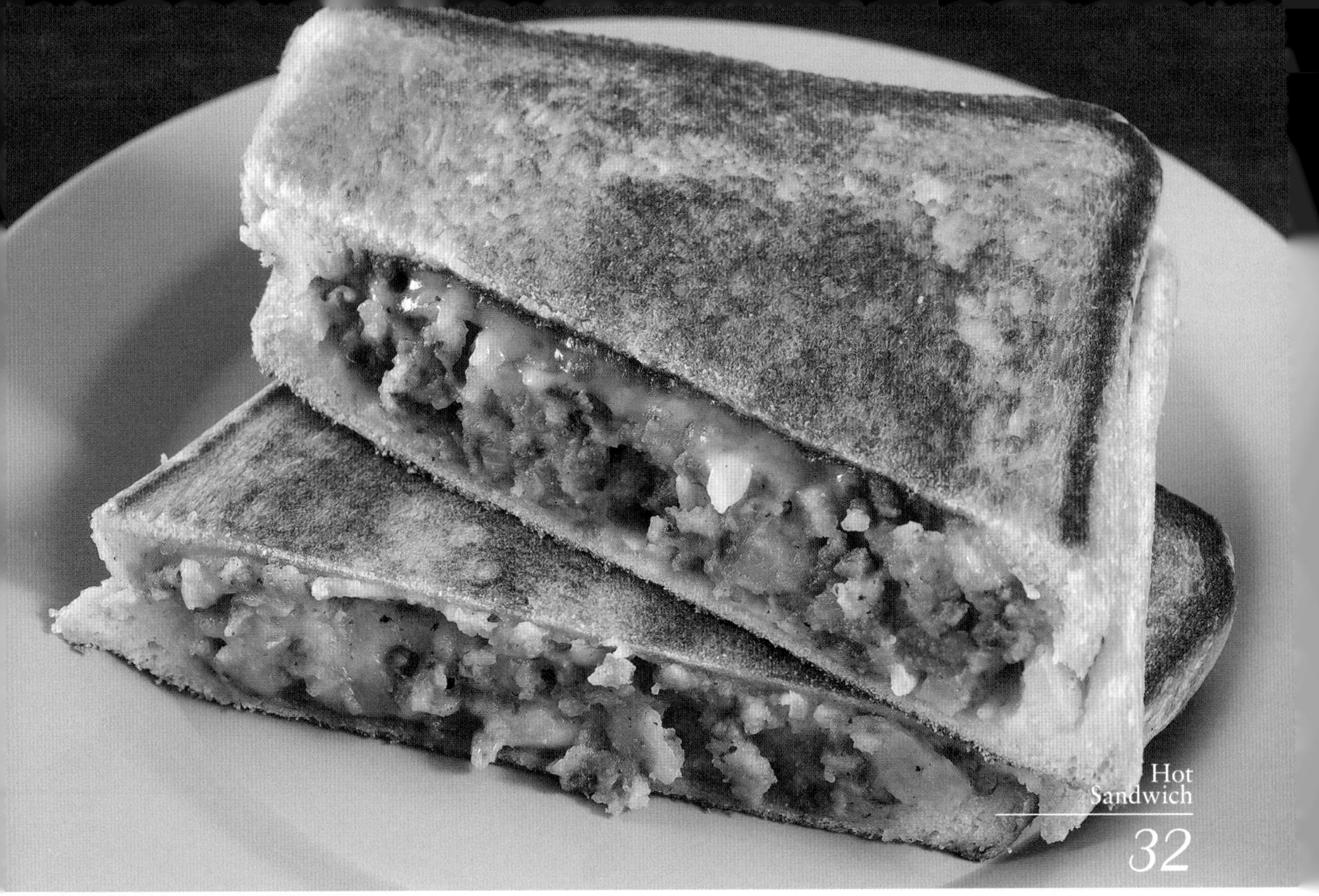

Hot
Sandwich
32

衣の代わりは焼いた食パン

コロッケ風サンド

【具材】◆の作り方はそれぞれのレシピを参照

◆コロッケのタネ…適量
シュレッドチーズ…1つかみ
ソース…適量

① パンにマヨネーズをしぼる。
② コロッケのタネ、チーズの順にベースのパンにのせ、もう1枚のパン（内側にはソースを塗る）をかぶせて焼く。

◆コロッケのタネのレシピ

【材料】※2〜3人分
合挽肉…120g
タマネギ…30g（みじん切り）
じゃがいも…220g
A 塩…小さじ1／4
胡椒…少々
砂糖…小さじ1／2
バター…5g

① フライパンで挽肉を炒める。
② 肉の色が変わったら、タマネギを加えしんなりするまで炒め、火を止め荒熱をとる。
③ じゃがいもは皮をむき、水にさらしたあと水を切り、加熱し（茹でても、レンチンでも大丈夫です）、粗めにつぶす。
④ ③に②とAを混ぜ、味を整えて完成。ホットサンドにするときにパンの内側にソースを塗るのであっさり目の味付けでOKです。

《パンの内側》

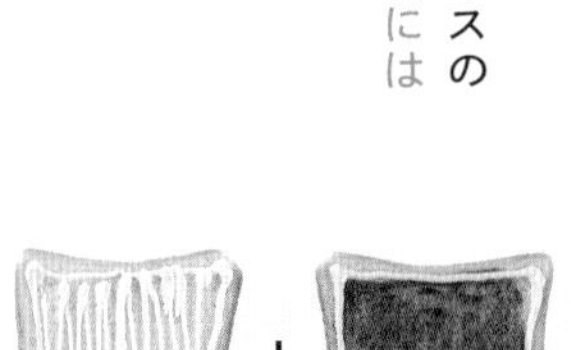

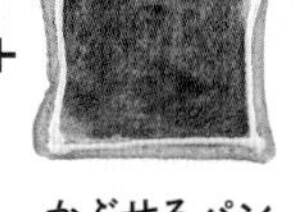

ベースのパン マヨ全面 ＋ かぶせるパン ソース＋マヨ縁

《焼きの目安》バターを塗りましょう

片面
4分
»
反対面
3分

弱火（やや強め） 弱火（やや強め）
シングル・ダブルどちらでも

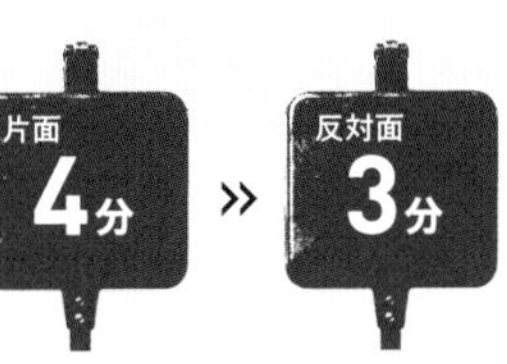

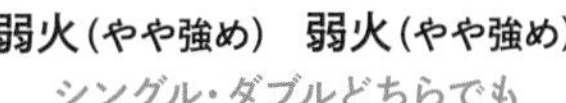

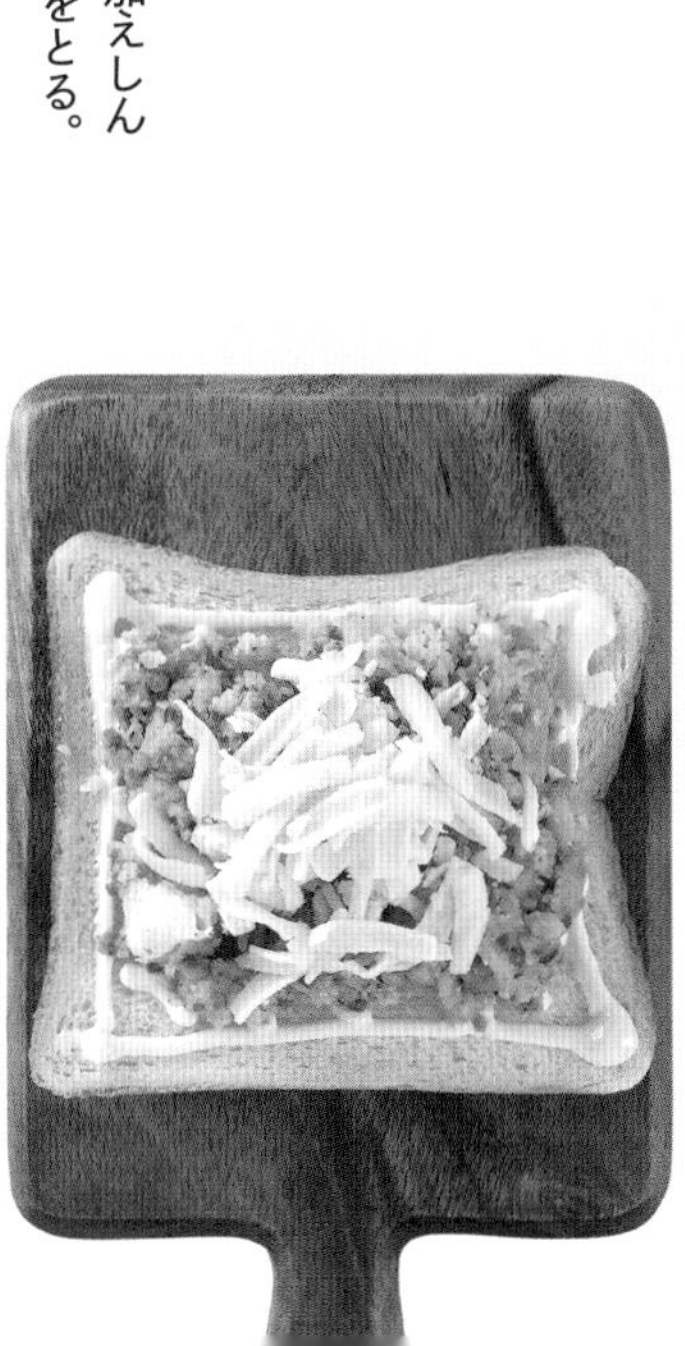

POINT
ロシアや東欧とはちょっと違う、春雨入りの日本風ピロシキ。
揚げずに焼いて、違う食感でいただきましょう。

Hot Sandwich

33

ピロシキ風サンド

揚げずに焼くと、また違った味わいに

【具材】◆の作り方はレシピを参照

◆ピロシキの具…適量

【作り方】

① パンにマヨネーズをしぼる。

② ピロシキの具をベースのパンにのせ、もう1枚のパンをかぶせて焼く。

◆ピロシキの具のレシピ

【材料】※4人分くらい

ラード…5㎝分

合挽肉…270g

ニンジン…40g（5㎜角に切る）

タマネギ…60g（みじん切り）

春雨…35g（お湯で戻し刻む）

筍水煮…60g（1㎝角に切る）

A オイスターソース…大さじ1と1／2

ケチャップ…小さじ2

砂糖…小さじ1／2

塩・胡椒…少々

【作り方】

① フライパンにラードをしぼり、挽肉を炒める。

② 肉の色が変わったら、ニンジン、タマネギを加え、タマネギがしんなりしたら春雨、筍を入れて全体に油が回るまで炒める。

③ Aを加え、塩・胡椒で味を整える。

《パンの内側》

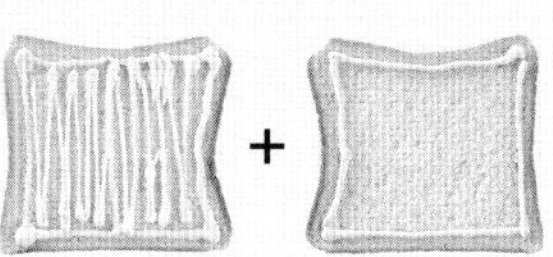

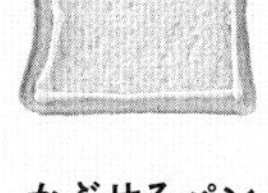

ベースのパン マヨ全面

かぶせるパン マヨ縁

《焼きの目安》バターを塗りましょう

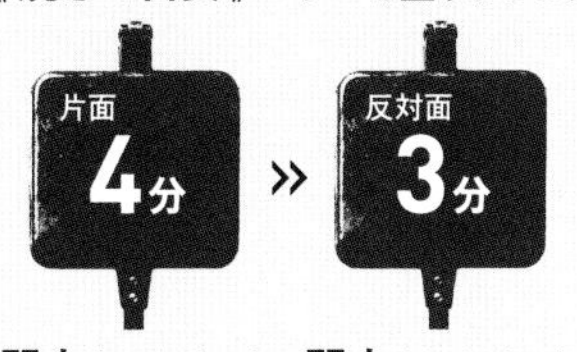

弱火（やや強め） 弱火（やや強め）

シングル・ダブルどちらでも

POINT
本来のオムライスの組み立てを大きく変え、ライスを使わずにパンではさむ仕様にします。
メニューを考えるときはとても頭を使いますが、上手くいくと楽しいですよ。

Hot Sandwich

34

オムライス風サンド

ライスの代わりは食パンで、組み立てを変えてみよう

【具材】◆の作り方はそれぞれのレシピを参照

◆チキンライスの具… 適量
◆スクランブルエッグ… 大さじ2
シュレッドチーズ… 1つかみ
パセリ… 少々

【作り方】

①パンにマヨネーズをしぼる。
②チキンライスの具、スクランブルエッグ、チーズ、パセリの順にベースのパンにのせ、もう1枚のパンをかぶせて焼く。

◆チキンライスの具のレシピ

【材料】※2人分くらい

鶏モモ肉… 170g（1／2枚）
バター… 15g
タマネギ… 1／4個（粗みじん）
マッシュルーム… 3個
（スライス）
ケチャップ… 大さじ2
トマトペースト… 小さじ1
ピーマン… 1／2個
（1cm角に切る）
塩・胡椒 … 適量

【作り方】

①鶏モモ肉は余分な皮と脂を取り一口サイズに切る。
②フライパンにバターを溶かし、鶏肉を色が変わるまで炒める。
③タマネギ、マッシュルームを加え、しんなりするまで炒める。
④ケチャップ、トマトペーストを加え、ケチャップの色が落ち着いた赤色になるまで炒める。
⑤ピーマンを加え、塩・胡椒で味を整える。

◆スクランブルエッグのレシピ

【材料】※2人分くらい

卵… 2個
マヨネーズ… 小さじ1
塩・胡椒… 少々
バター… 5g

【作り方】

①卵を割りほぐし、マヨネーズ、塩・胡椒を入れよく混ぜて卵液を作る。
②フライパンにバターを溶かし、卵液を流し入れスクランブルエッグを作る。

《パンの内側》

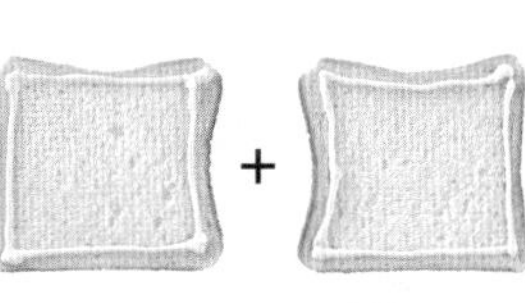

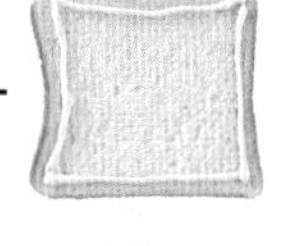

ベースのパン マヨ縁 ＋ かぶせるパン マヨ縁

《焼きの目安》バターを塗りましょう

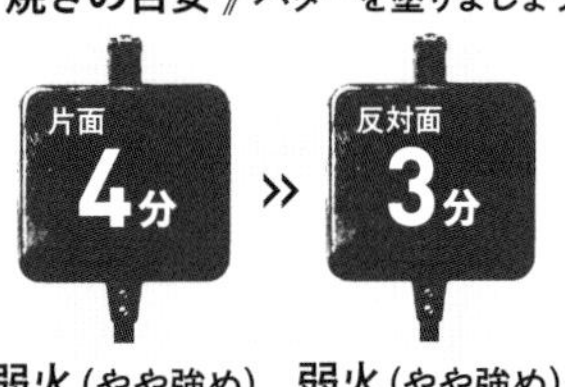

弱火（やや強め） 弱火（やや強め）
シングル・ダブルどちらでも

Hot Sandwich 35

塩胡椒と酸味、甘味の融合
豚バラさつまいも

【具材】◆の作り方はそれぞれのレシピを参照
◆豚バラ肉の塩胡椒炒め…適量
◆紫タマネギのアチャール…大さじ2
さつまいも…（8㎝を1㎝の厚さにスライス）2枚（レンジで火を通しておく）
シュレッドチーズ…1つかみ
パクチー…1つかみ

①パンにマヨネーズをしぼる。
②豚バラ肉、さつまいも、アチャール、チーズ、パクチーの順にベースのパンにのせ、もう1枚のパンをかぶせて焼く。

◆豚バラの塩胡椒焼きのレシピ

【材料】※2人分くらい
にんにく…1／2片（つぶす）
オリーブオイル…小さじ2
豚バラスライス…150g（一口大に切る）
塩・胡椒…適量

①フライパンににんにく、オリーブオイルを入れ弱火にかける。
②にんにくが色付いたら豚肉を入れて炒め、火が通ったら塩・胡椒で味を整える。胡椒は多めがおすすめです。

◆紫タマネギのアチャールのレシピ
アチャールはインドなど南アジアのお漬け物のようなもの。【作り方】はP110を参照

《パンの内側》

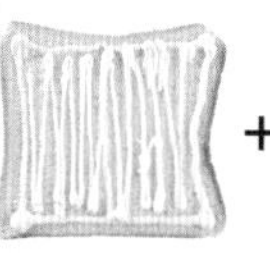
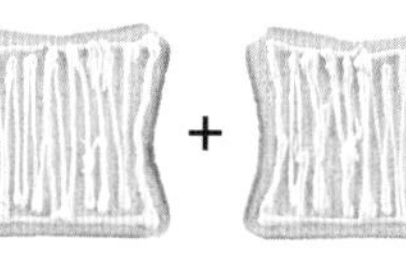
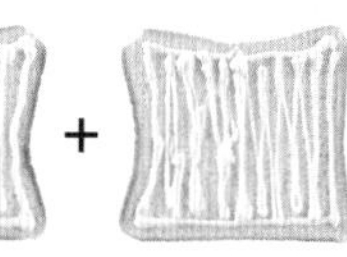

ベースのパン マヨ全面 ＋ かぶせるパン マヨ全面

《焼きの目安》
バターを塗りましょう

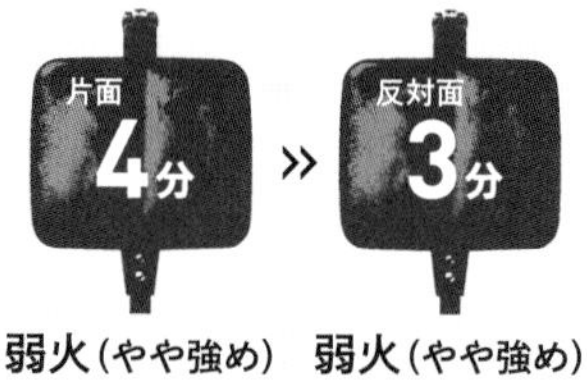

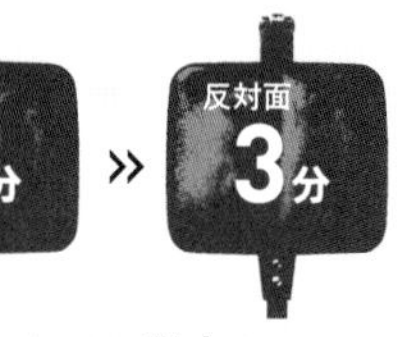

弱火（やや強め）　弱火（やや強め）
ダブル・シングルどちらでも

Hot Sandwich 36

カレー酢キャベツがポイント

ソーセージキャベツ

【具材】◆の作り方はレシピを参照

◆カレー酢キャベツ…大さじ4くらい
ソーセージ…4本
シュレッドチーズ…1つかみ
ケチャップ…適量

①パンにマヨネーズをしぼる。

②カレー酢キャベツ、ソーセージ、チーズの順にベースのパンにのせ、もう1枚のパン（内側にはケチャップを塗る）をかぶせて焼く。

◆カレー酢キャベツのレシピ

【材料】※4人分くらい
キャベツ…1／4玉
A 穀物酢…大さじ2
砂糖…大さじ1／2
カレールーフレーク…大さじ1／2
カレー粉…小さじ2
塩・胡椒…少々

①キャベツをざく切りにし、鍋に入れ中火にかけ、フタをして蒸しながら炒める。

②少ししんなりしたらフタをはずしAを入れ水分が飛ぶまで炒め、塩・胡椒で味を整える。

《パンの内側》

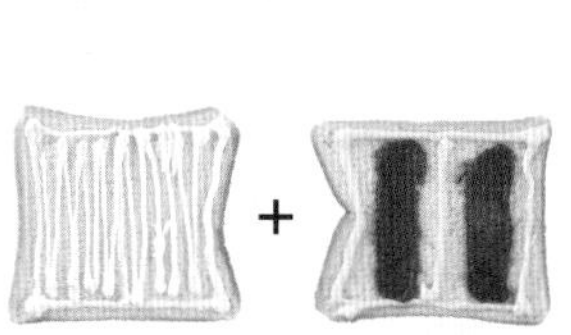

ベースのパン マヨ全面 ＋ かぶせるパン ケチャップ＋マヨ縁

《焼きの目安》バターを塗りましょう

»

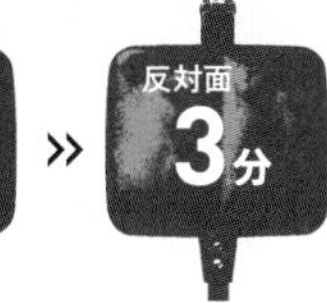

弱火（やや強め） 弱火（やや強め）

ダブル・シングルどちらでも

POINT
断面の美しさも味のうち。
切り方や具の重なり方も意識して構成しましょう。

Hot Sandwich

37

ニンジンナムルが味と見た目を華やかに

厚揚げ豚韓国風サンド

【具材】◆の作り方はそれぞれのレシピを参照

◆豚バラコチュジャン炒め…適量

厚揚げ…（1cm幅にスライスしたもの）2枚

◆ニンジンナムル…大さじ2

【作り方】

① パンにマヨネーズをしぼる。

② 豚バラコチュジャン炒め、厚揚げ、ニンジンナムルの順にベースのパンにのせ、もう1枚のパンをかぶせて焼く。

◆豚バラコチュジャン炒めのレシピ

【材料】※3人分くらい

A コチュジャン…小さじ1
はちみつ…小さじ1／2
酢…小さじ1／2
醤油…小さじ1
おろしにんにく…小さじ1／2

ゴマ油…小さじ1

豚バラスライス…200g（一口大に切る）

白すりごま…大さじ1

【作り方】

① Aを混ぜておく。

② フライパンにごま油をひき、豚バラを炒める。

③ 火が通ったらAを入れて肉にからめ、すりごまを混ぜて完成。

◆ニンジンナムルのレシピ

【材料】※3人分くらい

ニンジン…小さめ1本

塩…小さじ1／4

A 鶏ガラスープの素…小さじ1／4
おろしにんにく…小さじ1／4
ゴマ油…大さじ1／2
白いりごま…小さじ1

【作り方】

① ニンジンは千切りにし、塩でもみ30分ほどおいておく。

② ニンジンの水気をしぼり、Aと和える。

《パンの内側》

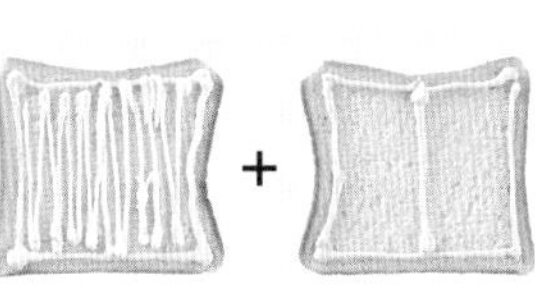

ベースのパン
マヨ全面

かぶせるパン
マヨ縁

《焼きの目安》バターを塗りましょう

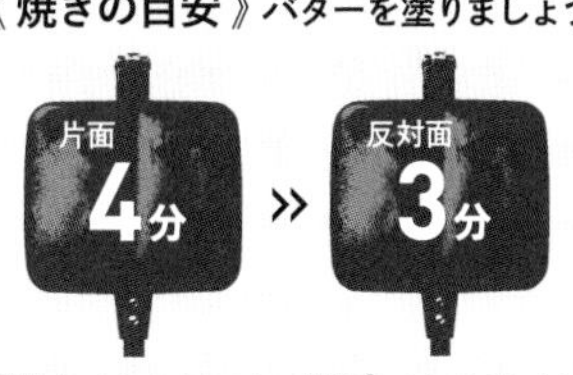

弱火（やや強め）　弱火（やや強め）

ダブル・シングルどちらでも

POINT
風味はそのままに、ボリュームアップを目指したメニューです。
お店では、実物のタコ焼きを入れてご提供したこともあります。
どちらも面白いので、ぜひお試しください。

Hot Sandwich

38

豚肉タコ焼き風サンド

作り方を変えて、食感の違うタコ焼きをイメージ

【具材】◆の作り方はレシピを参照

◆豚肉タコ焼き風揚げ…4個

【作り方】

①パンにマヨネーズをしぼる。

②豚肉タコ焼き風揚げをベースのパンにのせ、もう1枚のパンをかぶせて焼く。

◆豚肉タコ焼き風揚げのレシピ

【材料】※3人分くらい

A 豚切落し肉…200g
長ネギ…1本(小口切り)
紅生姜…30g(粗く刻む)
白いりごま…大さじ2
醤油…小さじ1／2
胡椒…少々

卵…1個
水…60㎖
小麦粉…40g
サラダ油…適量(揚げ油)

【作り方】

①Aをよく混ぜる。

②卵と水をよく混ぜて小麦粉を加え、粉っぽさが残るくらいにざっくり混ぜる。

③①に②を混ぜ、160℃に熱した油にスプーンで一口大になるようにして落としていき、表面がカリッとするまで揚げる。

《焼きの目安》バターを塗りましょう

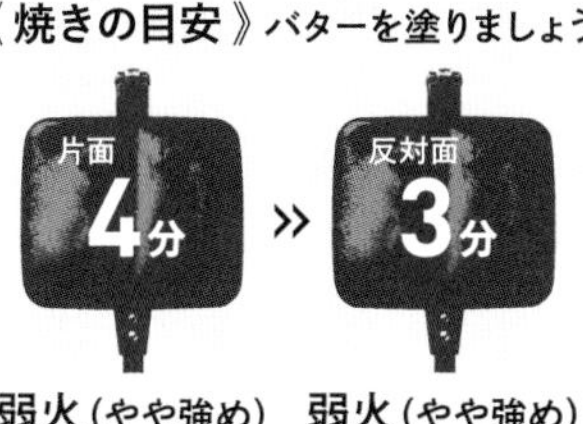

弱火(やや強め)　弱火(やや強め)
ダブル・シングルどちらでも

《パンの内側》

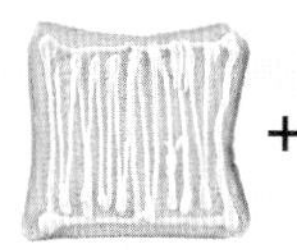

ベースのパン
マヨ全面

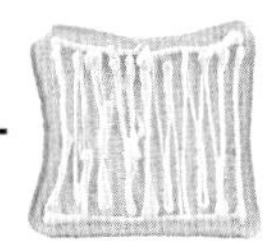

かぶせるパン
マヨ全面

POINT
麺料理をヒントに考えたメニューです。
再現を目指すのではなく、ホットサンドに合うようにアレンジしています。

Hot Sandwich

39

担々麺風サンド

麺もスープもないけれど、担々麺の味わい

【具材】◆の作り方はレシピを参照

◆豚挽肉のピリ辛ゴマ炒め … 適量
花椒(ホワジャオ) … 少々
ピーナッツ … 少々(砕く)
白髪ネギ … 少々
パクチー … 適量
ゆで卵(沸騰したお湯で6分半ゆでたもの) … 1個

【作り方】

① パンにマヨネーズをしぼる。
② 豚挽肉のピリ辛胡麻炒めをベースのパンにのせ、ホワジャオを振り、ピーナッツ、白髪ネギ、パクチー、卵の順にのせ、もう1枚のパンをかぶせて焼く。

◆豚挽肉のピリ辛ゴマ炒めのレシピ

【材料】※2人分くらい

ゴマ油 … 大さじ1
豚挽肉 … 100g
筍水煮 … 40g(1cm角に切る)
タマネギ … 1/8個(みじん切り)
A 白練りゴマ … 小さじ2
白いりゴマ … 大さじ1
甜麺醤 … 小さじ1
豆板醤 … 小さじ1/2
醤油 … 小さじ1
酒 … 小さじ1
砂糖 … 小さじ1/2
穀物酢 … 小さじ1
ラー油 … 小さじ1/2
おろしにんにく … 小さじ1/4
オイスターソース … 小さじ1/2

【作り方】

① フライパンにゴマ油をひき、挽肉を炒める。
② 肉の色が変わったら筍、タマネギを加えタマネギがしんなりするまで炒める。
③ Aをよく混ぜ②に加え、全体をよく混ぜ炒めて完成。

《パンの内側》

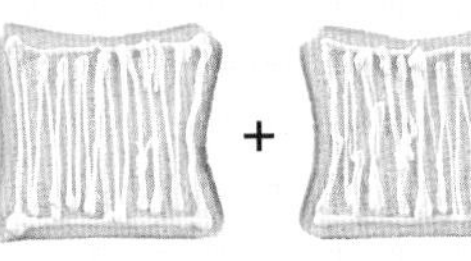

ベースのパン
マヨ全面

かぶせるパン
マヨ全面

《焼きの目安》バターを塗りましょう

弱火(やや強め) 弱火(やや強め)
シングルタイプをおすすめします

お肉によくあう「ブルーベリーソース」

Blueberry sauce that goes well with meat

POINT

ブルーベリーソースは、パンに塗ったり、アイスと合わせても美味しいですが、いろいろなお肉ともよく合います。

どんなお肉料理と合うか、想像を膨らませてみましょう。

◆ブルーベリーソースのレシピ

【材料】※作りやすい分量

冷凍ブルーベリー…130g
きび砂糖…大さじ2（グラニュー糖でもよい）
赤ワイン…大さじ1
バルサミコ酢…小さじ1

【作り方】

①小鍋に凍ったままのブルーベリーと砂糖を入れ、ざっと混ぜ30分ほどおく。
②赤ワイン、バルサミコ酢を入れ弱火にかける。
③15分程煮て完成。

◆ズッキーニソテーのレシピ

【材料】※2人分くらい

にんにく…1／2片（つぶす）
オリーブオイル…小さじ2
ズッキーニ…8㎝分
（1㎝の厚さで縦にスライス）
塩・胡椒…少々

【作り方】

①フライパンににんにくとオリーブオイルを入れて弱火にかけ、にんにくが色付いたら取り出す。
②①にズッキーニを並べ軽く火が通ったら火を止め、塩・胡椒をふる。

Hot
Sandwich

40

ベリーの甘酸っぱさをベーコンと合わせる

ブルーベリーベーコン

【具材】◆の作り方は右頁のレシピを参照

◆ブルーベリーソース…適量
モッツァレラスライス…1枚
ベーコン…（厚さ1cmに切ったもの）2枚
（焼き目をつける。スライスでもOK）
◆ズッキーニソテー…2枚
シュレッドチーズ…1つかみ

【作り方】

①ベースのパンにブルーベリーソースを塗り、フチにマヨネーズをしぼる。
②モッツァレラスライス、ベーコン、ズッキーニ、シュレッドチーズの順にベースのパンにのせ、もう1枚のパンをかぶせて焼く。

※P90の「自家製燻製ベーコン」にすると、また違った味わいになります。

《パンの内側》

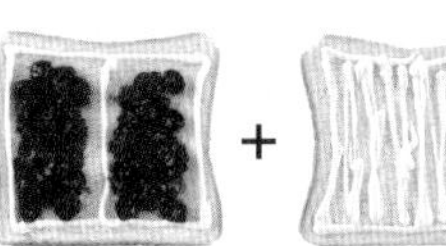
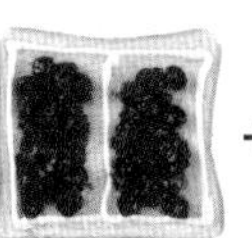

ベースのパン
ベリーソース＋マヨ縁

かぶせるパン
マヨ全面

《焼きの目安》バターを塗りましょう

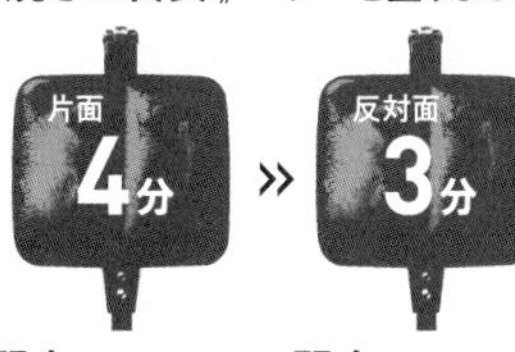

弱火（やや強め）　弱火（やや強め）
ダブル・シングルどちらでも

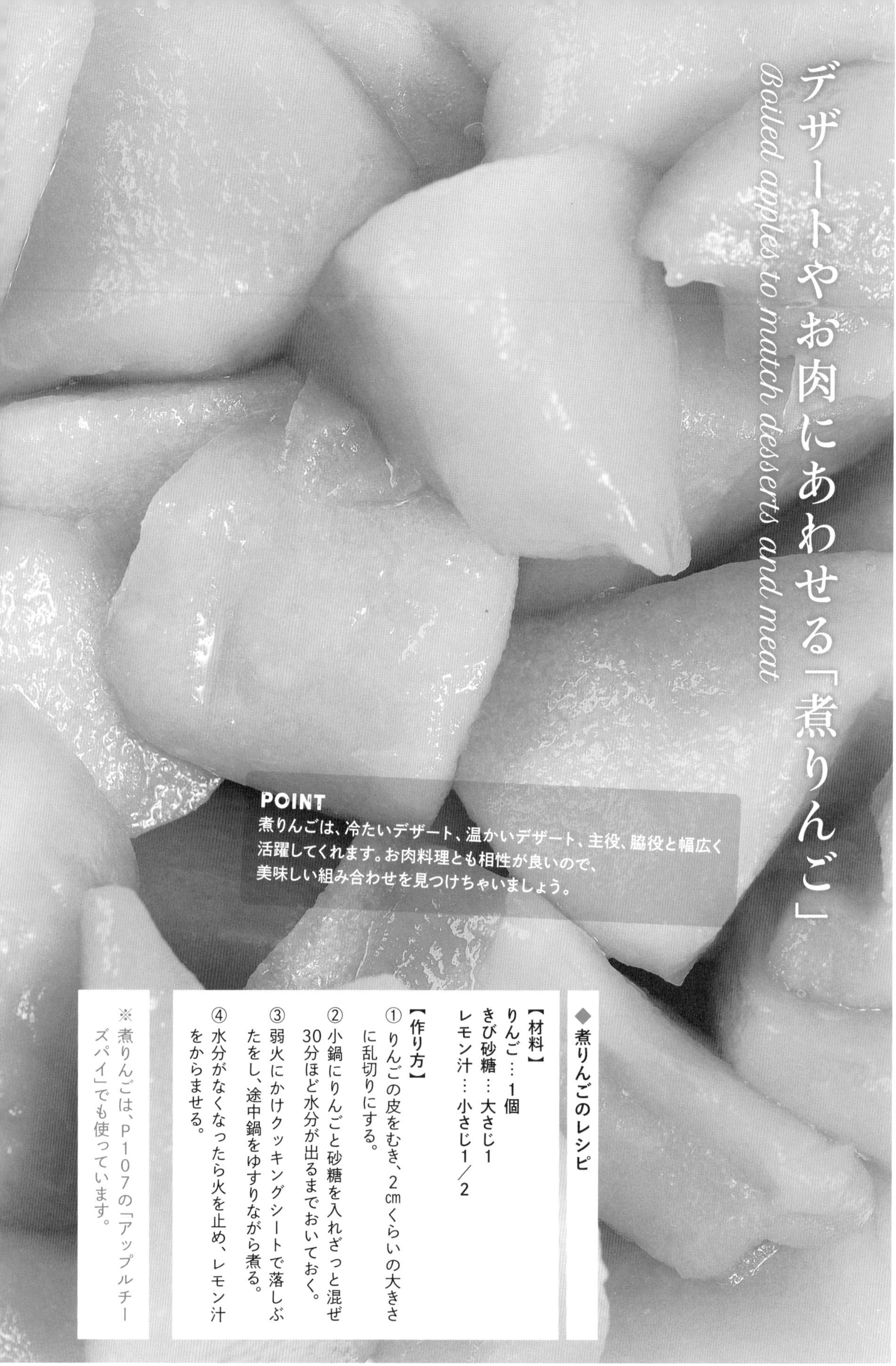

デザートやお肉にあわせる「煮りんご」

Boiled apples to match desserts and meat

POINT
煮りんごは、冷たいデザート、温かいデザート、主役、脇役と幅広く活躍してくれます。お肉料理とも相性が良いので、美味しい組み合わせを見つけちゃいましょう。

◆煮りんごのレシピ

【材料】
りんご…1個
きび砂糖…大さじ1
レモン汁…小さじ1/2

【作り方】
① りんごの皮をむき、2㎝くらいの大きさに乱切りにする。
② 小鍋にりんごと砂糖を入れざっと混ぜ30分ほど水分が出るまでおいておく。
③ 弱火にかけクッキングシートで落しぶたをし、途中鍋をゆすりながら煮る。
④ 水分がなくなったら火を止め、レモン汁をからませる。

※煮りんごは、P107の「アップルチーズパイ」でも使っています。

Hot Sandwich 41

鴨とりんごの出会い

合鴨煮りんご

【具材】◆の作り方は右頁のレシピを参照

鴨パストラミ…（厚さ5㎜にスライス）6枚

◆煮りんご…6個

シュレッドチーズ…1つかみ

ルッコラ…少々

【作り方】

① パンにマヨネーズをしぼる。

② 鴨、りんご、チーズ、ルッコラの順にベースのパンにのせ、もう1枚のパンをかぶせて焼く。

《パンの内側》

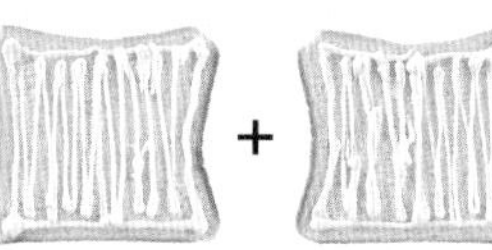

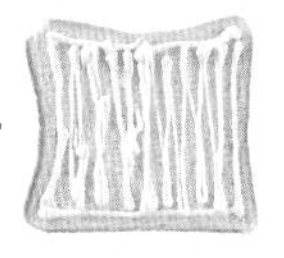

ベースのパン
マヨ全面

＋

かぶせるパン
マヨ全面

《焼きの目安》バターを塗りましょう

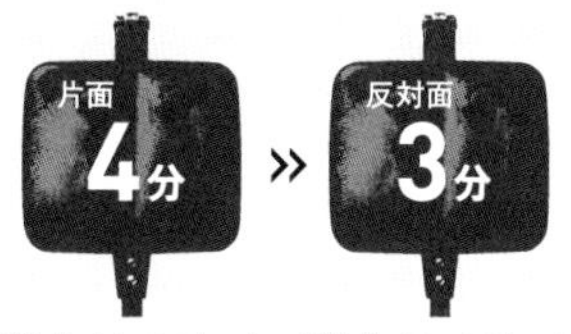

弱火（やや強め）》弱火（やや強め）

ダブル・シングルどちらでも

Part 4 意外？とても美味しい長芋のホットサンド

長芋は調理の仕方で様々な食感になる、便利な食材です。
いろいろな組み合わせにチャレンジしてみましょう。

Hot Sandwich

42 長芋天津

角切りの長芋をカニ玉に加えて、サクサク食感をプラス

【具材】◆の作り方はそれぞれのレシピを参照

◆長芋入りカニ玉…2切
◆パプリカ入り甘酢あん…大さじ1
スープセロリ…少々

【作り方】

① パンにマヨネーズをしぼる。
② カニ玉、甘酢あん、セロリの順にベースのパンにのせ、もう1枚のパンをかぶせて焼く。

◆長芋入りカニ玉のレシピ

【材料】※2人分くらい

ゴマ油…大さじ1／2
長ネギ…10㎝
（斜めにスライス）
長芋…50g
（皮をむいて5㎜角に切る）
カニカマ…40g
酒…小さじ1
卵…2個
A 砂糖…小さじ1
　塩・胡椒…少々

【作り方】

① フライパンにゴマ油をひき、長ネギと長芋を炒める。
② ネギがしんなりしたら、カニカマと酒を入れざっと混ぜ、卵にAを混ぜたものを流し入れオムレツを作る。

◆パプリカ入り甘酢あんのレシピ

【材料】※4人分くらい

ゴマ油…小さじ1／2
パプリカ…30g（スライス）
A ケチャップ…小さじ1／2
　穀物酢…大さじ1／2
　醤油…小さじ1／2
　酒…小さじ1
　砂糖…大さじ1／2
　ガラスープの素…小さじ1
◇水溶き片栗粉
片栗粉…小さじ1
水…75㎖

【作り方】

① フライパンにゴマ油をひき、パプリカがしんなりするまで炒める。
② Aを混ぜて①に入れ、ざっと混ぜ水溶き片栗粉でとろみをつけて完成。

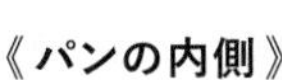

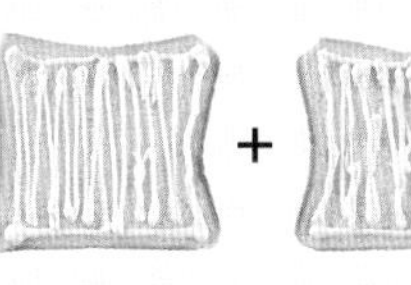

＋

ベースのパン
マヨ全面

かぶせるパン
マヨ全面

《焼きの目安》バターを塗りましょう

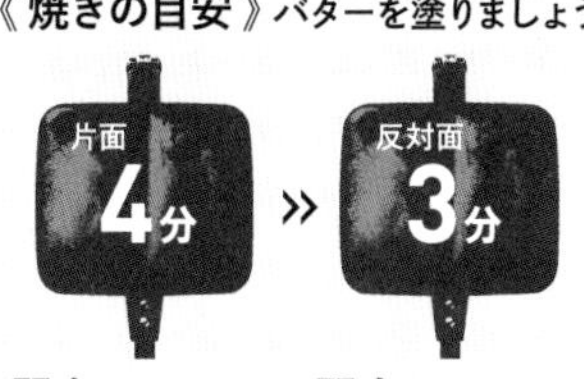

弱火（やや強め）　弱火（やや強め）
ダブル・シングルどちらでも

Hot Sandwich

43

長芋をステーキにして主役に

豚バラ長芋

【具材】◆の作り方はそれぞれのレシピを参照

大葉…2枚

◆豚バラ塩胡椒炒め（P54参照）…適量

◆焼長芋…適量

シュレッドチーズ…1つかみ。

①パンにマヨネーズをしぼる。

②大葉、豚、長芋、チーズの順にベースのパンにのせ、もう1枚のパンをかぶせて焼く。

◆焼長芋のレシピ

【材料】※2人分くらい

長芋…8㎝くらい

にんにく…1／2片（つぶす）

オリーブオイル…小さじ1

塩・胡椒…少々

①長芋の皮をむき、5㎜幅に切る。大きいものは半分に切る。

②フライパンににんにく、オリーブオイルを入れ弱火にかけ、にんにくが色付いたら取り出す。

③長芋を入れ、両面焼色がうっすら付くまで焼き、仕上げに塩、胡椒を振る。

《パンの内側》

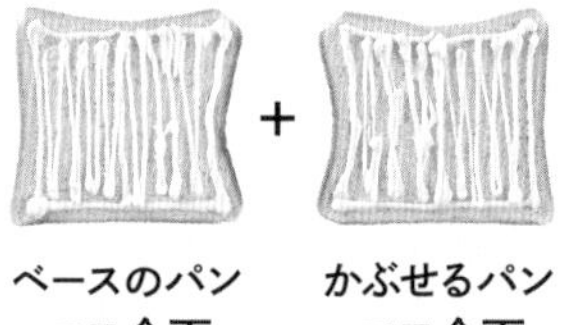

ベースのパン マヨ全面 ＋ かぶせるパン マヨ全面

《焼きの目安》バターを塗りましょう

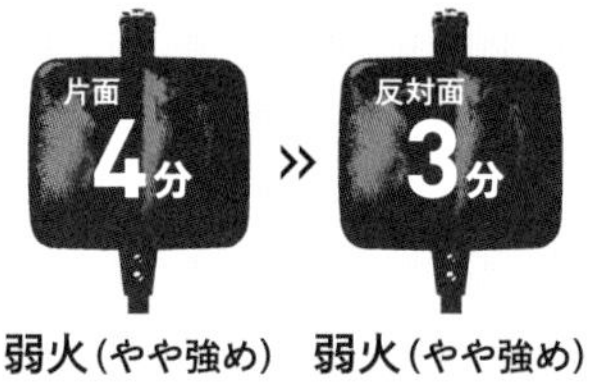

片面 4分 弱火（やや強め） » 反対面 3分 弱火（やや強め）

ダブル・シングルどちらでも

Hot
Sandwich
44

梅長芋

長芋をポテサラにして
なめらか感と梅味を楽しむ

【具材】◆の作り方はそれぞれのレシピを参照
大葉…2枚
◆長芋ポテサラ…大さじ4
◆鶏の梅肉和え…大さじ2くらい
シュレッドチーズ…1つかみ
かいわれ大根…少々

① パンにマヨネーズをしぼる。
② 大葉、ポテサラ、鶏、チーズ、かいわれの順にベースのパンにのせ、もう1枚のパンをかぶせて焼く。

◆長芋ポテサラのレシピ

【材料】※2人分くらい
長芋…130g
A マヨネーズ…小さじ2
醤油…小さじ1/4
胡椒…少々

① 長芋の皮をむき、1㎝くらいに切って耐熱容器に並べ、ふんわりとラップをかけ600Wで5分レンジにかける。
② 長芋をボウルに移し（熱いので注意）粗めにつぶす。Aを混ぜる。

◆鶏の梅肉和えのレシピ

【作り方】はP110を参照

《焼きの目安》
バターを塗りましょう

《パンの内側》 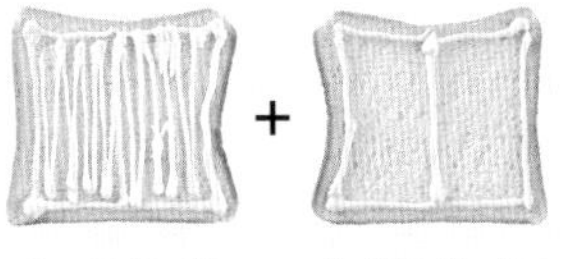
ベースのパン マヨ全面 ＋ かぶせるパン マヨ縁

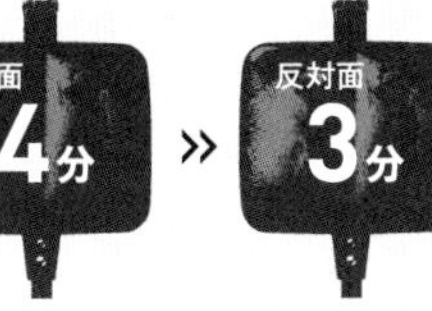

弱火（やや強め） 弱火（やや強め）
ダブル・シングルどちらでも

Moisture adjustment is important

Part 5 上手に焼くには、具材の水分調整を

BLTサンド（ベーコン・レタス・トマト）をホットサンドで作ってみて、ボロボロと崩れてしまって食べにくかった経験はありませんか？

レタスやトマトは加熱すると水分が出やすい食材です。
具材の水分量が多いと、具材が流れ出てしまったり、食べる際に崩れて食べにくくなってしまいます。具材の水分量を調整して、美味しくいただきましょう。

Hot Sandwich

45

厚揚げマーボー

焼きそばをはさんで汁気を吸収

【具材】◆の作り方はそれぞれのレシピを参照
◆オイスター焼きそば…1／2袋分
◆厚揚げマーボー豆腐…適量
パクチー…1つかみ

【作り方】
①パンにマヨネーズをしぼる。
②焼きそば、マーボー、パクチーの順にベースのパンにのせ、もう1枚のパンをかぶせて焼く。

◆厚揚げマーボー豆腐のレシピ

【材料】※2人分くらい
ゴマ油…小さじ1
豚挽肉…150g
にんにく…1片（みじん切り）
生姜…1／3片（みじん切り）
唐辛子…1本（種をとる）
A 豆板醤…小さじ1／2
　甜麺醤…小さじ1／2
　豆豉醤…小さじ1／2
厚揚げ…1枚（140g）
（1㎝角に切る）
B ガラスープの素…小さじ1
　酒…大さじ1
◇水溶き片栗粉
　片栗粉…小さじ1
　水…60㎖
ラー油…少々

【作り方】
①フライパンにゴマ油をひき、挽肉を入れ、強火で焼きつけるように炒める。
②中火にし、にんにく、生姜、唐辛子を入れて炒め、香りが出たらAを入れ全体を混ぜる。
③厚揚げとBを入れて炒め、水溶き片栗粉を入れて全体を混ぜる。仕上げにラー油をかけて完成。

◆オイスター焼きそばのレシピ

【材料】※2人分くらい
焼きそば用蒸し麺…1袋
ごま油…大さじ1
酒…大さじ1
オイスターソース…小さじ1
胡椒…適量

【作り方】
①フライパンにごま油をひき麺を炒める。
②ほぐれたら酒を振り、全体が炒まったらオイスターソースと多めの胡椒で味を付けて完成。

《パンの内側》

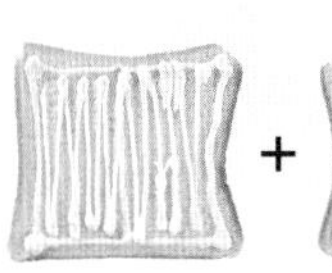
ベースのパン
マヨ全面

＋

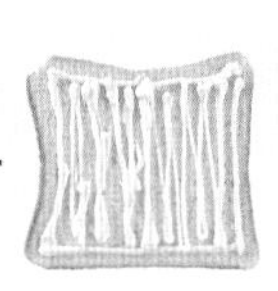
かぶせるパン
マヨ全面

《焼きの目安》バターを塗りましょう

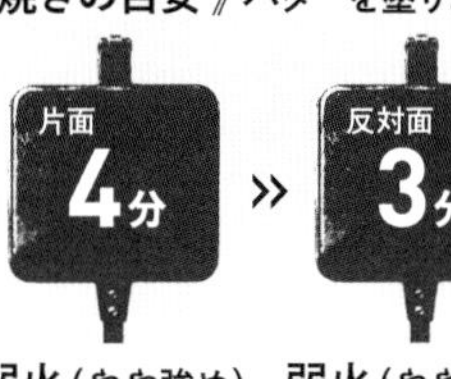

弱火（やや強め）　弱火（やや強め）
シングルタイプをおすすめします

POINT
ショートパスタで作った「パセリバターパスタ」が水分を吸ってくれます。洋風な具材の場合に、合わせやすい方法です。

Hot Sandwich

46

海老のトマトクリーム

相性を考えて、ショートパスタで具材の水分調整

【具材】◆の作り方はそれぞれのレシピを参照
◆海老のトマトクリーム…適量
◆パセリバターパスタ…適量
シュレッドチーズ…1つかみ
スープセロリ…少々

【作り方】
① パンにマヨネーズをしぼる。
② 海老、パスタ、チーズ、セロリの順にベースのパンにのせ、もう1枚のパンをかぶせて焼く。

◆海老のトマトクリームのレシピ

【材料】※2人分くらい
むき海老…100g
片栗粉…小さじ1
オリーブオイル…小さじ2
セロリ…10cm（みじん切り）
タマネギ…1／4個（みじん切り）
にんにく…1／2片（みじん切り）
トマトの水煮缶…200g
生クリーム…50mℓ
塩…小さじ1／4
胡椒…少々

【作り方】
① 海老に片栗粉をもみこみ、水で洗って水気を切っておく。
② フライパンにオリーブオイルをひき、セロリ、タマネギ、にんにくを入れ弱火にかける。
③ 全体がしんなりしたら海老を入れて炒める。
④ 海老の色が変わったらトマト缶を入れ、水分が飛ぶまで炒める。
⑤ 生クリームを入れ全体を混ぜ、塩、胡椒で味を整える。

◆パセリバターパスタのレシピ

【材料】※2人分くらい
サラダ用ショートパスタ…30g
バター…5g
パセリ…1つかみ（みじん切り）

【作り方】
① パスタを表示時間通りに茹でる。
② バターとパセリをからめて完成。

《パンの内側》

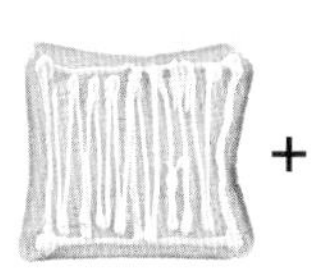
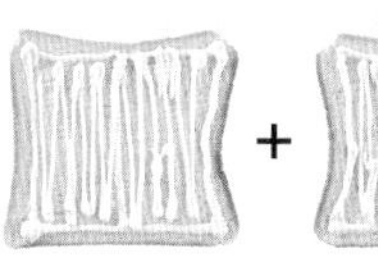

ベースのパン
マヨ全面

＋

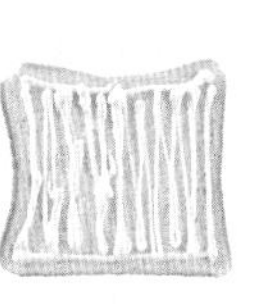

かぶせるパン
マヨ全面

《焼きの目安》バターを塗りましょう

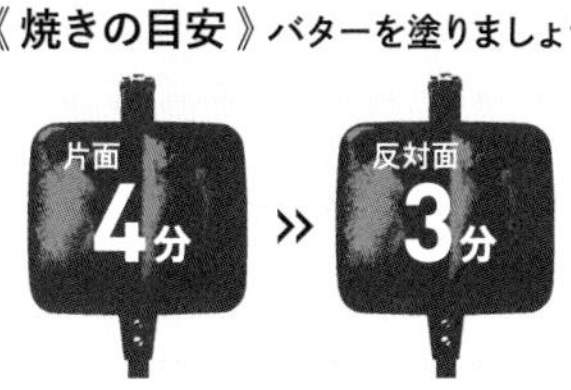

弱火（やや強め）　弱火（やや強め）
ダブル・シングルどちらでも

Hot Sandwich 47

タイ北部の麺料理を揚げ麺多めで再現

カオソーイ風サンド

【具材】

グリーンカレー（レトルト）…大さじ3くらい
高菜漬…大さじ1
紫タマネギ…1／6個分（スライス）
揚げ麺…1つかみ
パクチー…少々

【作り方】

① パンにマヨネーズをしぼる。
② カレー、高菜、紫タマネギ、揚げ麺、パクチーの順にベースのパンにのせ、もう1枚のパンをかぶせて焼く。

※ さらっとしたタイプのカレーの場合は煮詰めるか、少しパン粉を加えて固さを調整してください。
※ お好みでレモン汁を振りかけても。

《パンの内側》

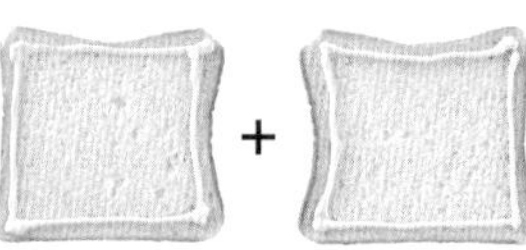
+

ベースのパン マヨ縁　　かぶせるパン マヨ縁

《焼きの目安》バターを塗りましょう

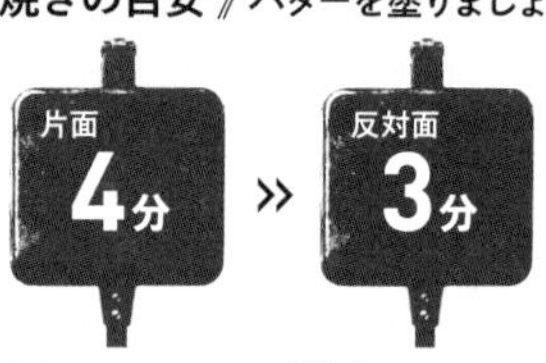

弱火（やや強め）　弱火（やや強め）
シングル・ダブルどちらでも

Hot Sandwich 48

揚げ麺がチリソースを吸収してまとまる エビチリ

【具材】

◇エビチリ…適量

キャベツ…1つかみ(千切り)

揚げ麺…1つかみ

【作り方】

①パンにマヨネーズをしぼる。

②エビチリ、キャベツ、揚げ麺の順にベースのパンにのせ、もう1枚のパンをかぶせて焼く。

※キャベツの千切りはあえて太めに切ると食感が残って更に美味しいです。

◇エビチリ

エビチリは既製品にすると時短になります。もちろん自作でもOK。

《パンの内側》

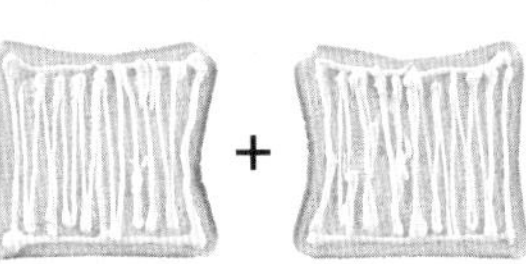

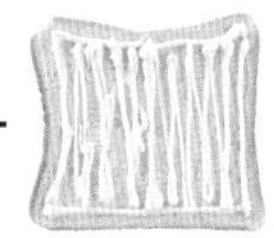

ベースのパン
マヨ全面

かぶせるパン
マヨ全面

《焼きの目安》バターを塗りましょう

弱火(やや強め) 弱火(やや強め)

シングル・ダブルどちらでも

POINT
アーモンドの食感豊かなカレーの水分をパン粉で調整。
追いチーズで2種類の食感と風味も楽しめます。

Hot Sandwich

49

ホットサンド作りの重要アイテム「パン粉」で具材の水分を調整

アーモンドカレー

【具材】◆の作り方はレシピを参照

◆アーモンドカレー… 適量
パン粉… 大さじ1
ゆで卵（沸騰したお湯で6分半ゆでたもの）… 1個
シュレッドチーズ… 2つかみ（2回に分けて使います）
パセリ… 少々

【作り方】

① パンにマヨネーズをしぼる。
② カレー（パン粉で固さを調整）、卵、チーズの順にベースのパンにのせ、もう1枚のパンをかぶせる。
③ ②の上にチーズ、パセリ、クッキングシート（パンのサイズに切ったもの）をのせて、メーカーに挟んで焼く。

※ ホットサンドメーカーのクッキングシート側にはバターは塗りません。

◆アーモンドカレーのレシピ

【材料】※2人分くらい

サラダ油… 小さじ1
にんにく… 1／4片（みじん切り）
タマネギ… 40g（みじん切り）
セロリ… 5㎝（みじん切り）
鶏モモ肉… 100g（一口大に切る）
A ローストアーモンド… 30g（粗く砕く）
　塩… 少々
　胡椒… 少々
　カレー粉… 小さじ1／2
レトルトカレー（具なしタイプ）… 1袋

【作り方】

① フライパンにサラダ油をひき、にんにくが色づくまで弱火で炒める。
② タマネギ、セロリを加え、しんなりするまで炒める。
③ 鶏肉を加え火が通るまで炒めたらAを入れ、全体を混ぜる。
④ レトルトカレーと合わせる。

←かぶせるパンの外側（この上にクッキングシート）

《パンの内側》

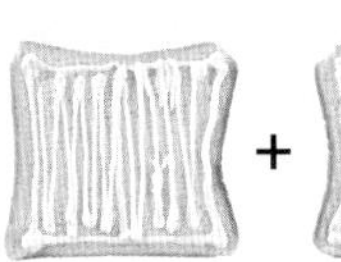
ベースのパン
マヨ全面

＋

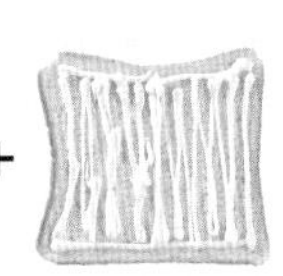
かぶせるパン
マヨ全面

《焼きの目安》※片面だけにバター

弱火（やや強め）

»

弱火（やや強め）

シングルタイプをおすすめします

POINT
冬の人気者はついついたくさん作ってしまいますよね。前日の残りものも、ホットサンド用に水分を調整して美味しくいただきましょう。

Hot Sandwich

50

クリームシチュー

シチューも「パン粉」で具材の水分を調整します

【具材】◆の作り方はレシピを参照

◆クリームシチュー…大さじ4
(パン粉小さじ2を混ぜる)
焼きブロッコリー…2房分
(フライパンで焦げ目がつくまで焼く)
シュレッドチーズ…1つかみ

【作り方】

①パンにマヨネーズをしぼる。
②シチュー、ブロッコリー、チーズの順にベースのパンにのせ、もう1枚のパンをかぶせて焼く。

◆クリームシチューのレシピ

【材料】※5人分くらい

バター…10g
鶏モモ肉…130g
(一口大に切る)
A タマネギ…1/8個(スライス)
じゃがいも…小1個(2cm角)
ニンジン…50g(1cm角)
コーン缶…50g
しめじ…30g
水…200mℓ
ローリエ…1枚
シチューのルウ…1/4箱
(2かけ)
牛乳…100mℓ
粉チーズ…小さじ1
胡椒…少々

【作り方】

①鍋にバターを溶かし、鶏肉を炒める。
②肉の色が変わったら、Aを入れて炒める。
③水とローリエを入れ、あくをすくいながら野菜に火が通るまで煮る。
④火を止めルウを溶かし、牛乳を加えて再び火にかける。
⑤とろみがついたら粉チーズと胡椒を入れて混ぜる。

《パンの内側》

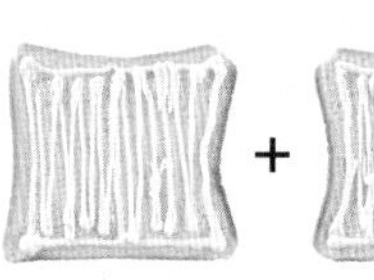

ベースのパン
マヨ全面

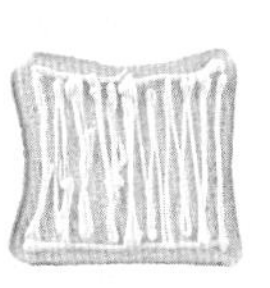

かぶせるパン
マヨ全面

《焼きの目安》バターを塗りましょう

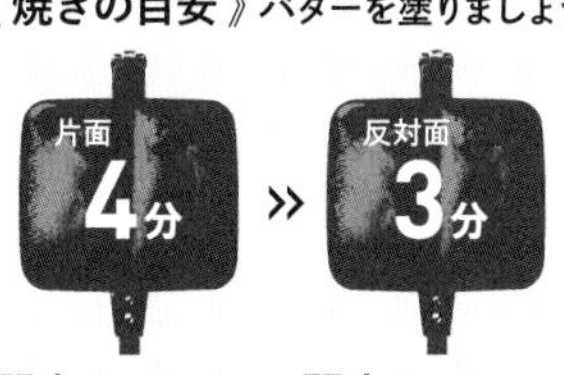

弱火(やや強め) 弱火(やや強め)
ダブル・シングルどちらでも

Hot Sandwich
51

煮込みも「パン粉」で水分調整
ホットサンドで異国情緒も楽しめます

モロッコ風トマト煮

【具材】◆の作り方はレシピを参照

◆モロッコ風トマト煮…適量
パン粉…適量
パセリ…少々
ハリッサ…辛いのでお好みの量で

【作り方】

①パンにマヨネーズをしぼる。

②トマト煮（パン粉で固さを調整）、パセリの順にベースのパンにのせ、もう1枚のパン（内側にはハリッサを塗る）をかぶせて焼く。

※ハリッサはスパイスの効いた辛味のあるペーストです。北アフリカやフランスでよく使われます。

◆**モロッコ風トマト煮のレシピ**
【作り方】はP110を参照

《パンの内側》

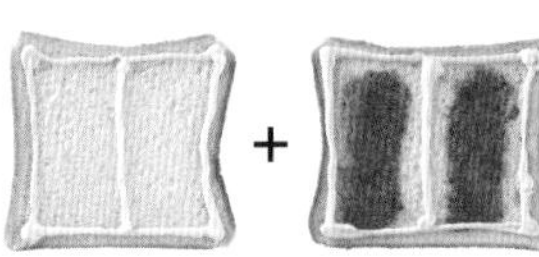

ベースのパン
マヨ縁

かぶせるパン
ハリッサ＋マヨ縁

《焼きの目安》バターを塗りましょう

»

弱火（やや強め）　弱火（やや強め）
ダブル・シングルどちらでも

Hot Sandwich

52

アジフライ

絶品、お魚フライサンド代表
衣が具材の水分を吸収

【具材】

◇アジフライ… 1枚(尾びれは取る)
◇タルタルソース… 大さじ2
中濃ソース… 適量
大葉… 2枚

【作り方】

① パンにマヨネーズをしぼる。
② 大葉、フライ、タルタルの順にベースのパンにのせ、もう1枚のパン(内側にはソースを塗る)をかぶせて焼く。

◇**アジフライとタルタルソース**

お店では、釣ってきたアジをフライにしたり、タルタルソースも自家製でご提供しています。

さらに美味しくいただけますので、ぜひチャレンジしてみてください。

《パンの内側》

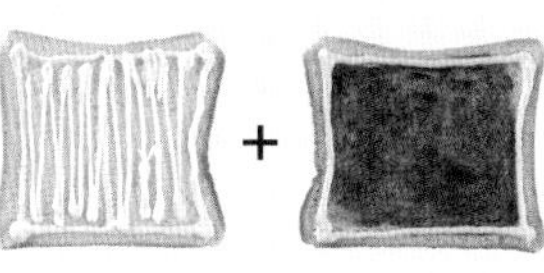

ベースのパン
マヨ全面

かぶせるパン
ソース+マヨ縁

《焼きの目安》バターを塗りましょう

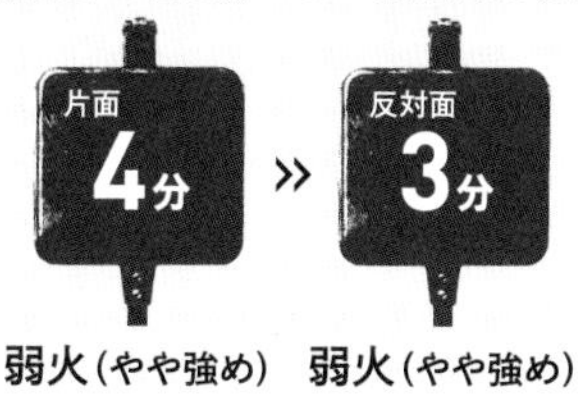

弱火(やや強め) 弱火(やや強め)
シングルタイプをおすすめします

Inspired by local specialties

Part 6 各地の名産やご当地グルメを発想に

ちょっと遠出したら、道の駅や産直、名店などに立ち寄るようにしています。その土地土地の食材や料理と出会えるからです。また、お土産をいただくのも嬉しいですよね。

各地にある名産品やご当地グルメをヒントに考えたメニューをご紹介します。

Hot Sandwich

53

十和田バラ焼き

しっかり味の青森ご当地グルメはホットサンドにピッタリ

【具材】◆の作り方はレシピを参照

◆十和田バラ焼き… 適量

【作り方】

① パンにマヨネーズをしぼる。

② バラ焼きをベースのパンにのせ、もう1枚のパンをかぶせて焼く。

◆十和田バラ焼きのレシピ

【材料】※2人分くらい

サラダ油… 大さじ1

牛バラ肉… 100g

タマネギ… 1/4個

(1cm幅に切る)

バラ焼きのタレ… 大さじ2

【作り方】

① フライパンにサラダ油をひき牛肉を炒め、色が変わったらタマネギを加えて炒める。

② タマネギがしんなりしたらバラ焼きのタレを入れ、全体にからんだら完成。

POINT

B級グルメで有名になった青森のご当地グルメ。
牛バラ肉を使用して作られることが多く、タマネギもたっぷり。
リンゴの入った甘からいタレの味付けで、定食にもってこい。
ならば、ホットサンドにも合うこと間違いなし。

《パンの内側》

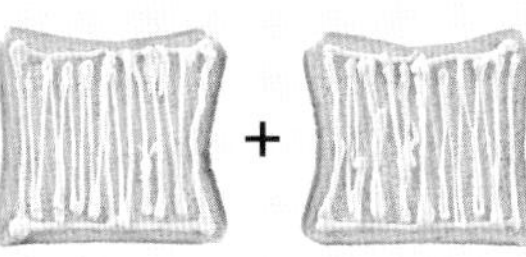

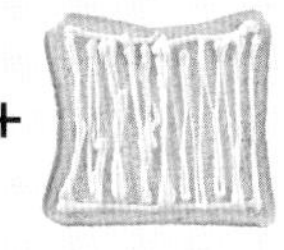

ベースのパン
マヨ全面

かぶせるパン
マヨ全面

《焼きの目安》バターを塗りましょう

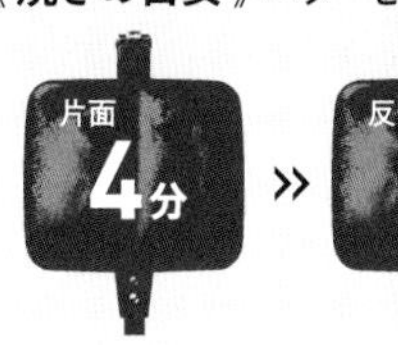

弱火(やや強め) 弱火(やや強め)

ダブル・シングルどちらでも

Hot Sandwich

54

沖縄のご当地バーガー

ぬーやるバーガー風サンド

【具材】◆の作り方はレシピを参照

◆ゴーヤー入りオムレツ…2切

ポークランチョンミート…（5㎜にスライス）2枚（焼き目をつけておく）

シュレッドチーズ…1つかみ

① パンにマヨネーズをしぼる。

② オムレツ、ポーク、チーズの順にベースのパンにのせ、もう1枚のパンをかぶせて焼く。

◆ゴーヤー入りオムレツのレシピ

【材料】※2人分くらい

サラダ油…小さじ1

ラード…小さじ1

ゴーヤー…1／4本（わたを取って5㎜スライス）

卵…2個（割り溶いておく）

A 白いりゴマ…小さじ1

顆粒和風だし…小さじ1／4

塩…少々

① フライパンにサラダ油、ラードを熱しゴーヤーを炒める。

② ゴーヤーが少ししんなりしたら、溶いた卵にAを混ぜたものを流し入れオムレツを作る。

《パンの内側》

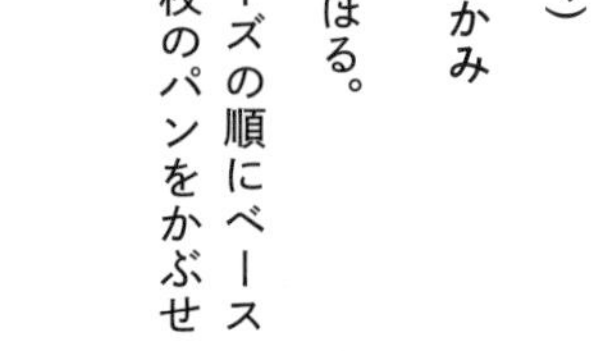

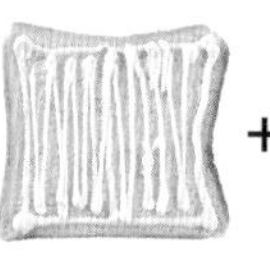

ベースのパン
マヨ全面

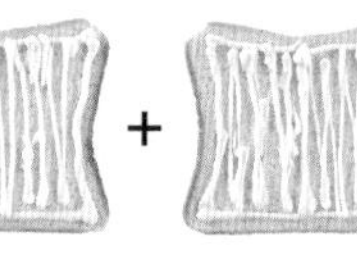

かぶせるパン
マヨ全面

《焼きの目安》

バターを塗りましょう

弱火（やや強め）　弱火（やや強め）

シングル・ダブルどちらでも

Hot Sandwich
55

ご当地グルメを「焼きそば焼きパン」に

富士宮焼きそば

【具材】

◇富士宮焼きそば…1/2玉分
だし粉…小さじ1
紅生姜…適量
目玉焼き…1個

【作り方】

①パンにマヨネーズをしぼる。
②焼きそば、だし粉、紅生姜、目玉焼きの順にベースのパンにのせ、もう1枚のパンをかぶせて焼く。

◇富士宮焼きそば

富士宮焼きそばは歯ごたえのある麺と肉かす、だし粉が特徴のご当地焼きそばです。普通の焼きそばでもOKですが、手に入ったときは、ぜひ。

《パンの内側》

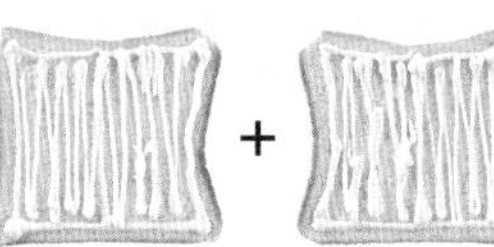
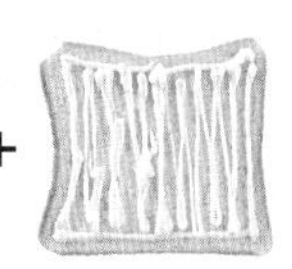

ベースのパン
マヨ全面

＋

かぶせるパン
マヨ全面

《焼きの目安》バターを塗りましょう

»

弱火(やや強め)　弱火(やや強め)
シングルタイプをおすすめします

Hot Sandwich
56

北海道のご当地おかずパン

ちくわパン風サンド

【具材】◆の作り方はレシピを参照
ちくわ…2本（縦に切れ目を入れる）
◆ツナサラダ…適量
胡瓜…（8cmを5mmにスライス）2枚
シュレッドチーズ…1つかみ

① パンにマヨネーズをしぼる。
② ちくわにツナサラダを詰める。
③ 胡瓜、②、チーズの順にベースのパンにのせ、もう1枚のパンをかぶせて焼く。

◆ツナサラダのレシピ

【材料】※2人分くらい
ツナ缶…1缶（70g）（油をしっかり切る）
タマネギ…15g（みじん切り）
めんつゆ…小さじ1／2
和辛子…小さじ1
マヨネーズ…大さじ1
胡椒…少々

① 材料をすべて混ぜる。

《パンの内側》

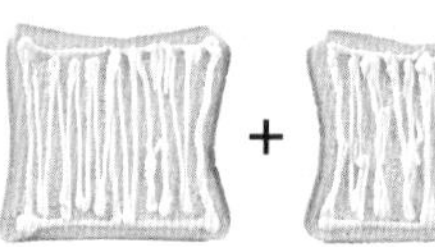

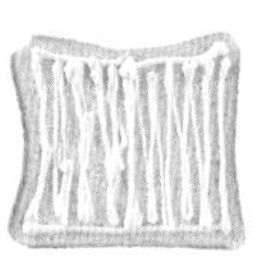

ベースのパン
マヨ全面

かぶせるパン
マヨ全面

《焼きの目安》バターを塗りましょう

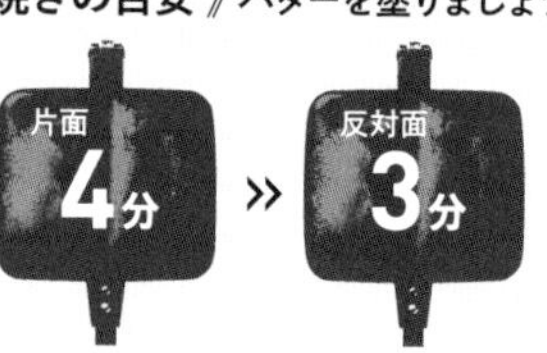

弱火（やや強め）　弱火（やや強め）
ダブル・シングルどちらでも

Hot Sandwich

57

静岡・港町周辺の名物をフライにして

黒はんぺん

【具材】◆の作り方はレシピを参照

◆黒はんぺんフライ… 2枚
大葉… 2枚
胡瓜…(8cmを5mmにスライス)2枚
シュレッドチーズ… 1つかみ
中濃ソース… 適量
山椒… 少々

① パンにマヨネーズをしぼる。

② 大葉、胡瓜、フライ、チーズの順にベースのパンにのせ、もう1枚のパン(内側にはソースを塗り、山椒をふる)をかぶせて焼く。

◆黒はんぺんフライのレシピ

【材料】
黒はんぺん… 適量
小麦粉… 適量
卵… 1個(割り溶いておく)
パン粉… 適量
サラダ油… 適量(揚げ油)

① 黒はんぺんにフライを作る要領で衣をつけ、180℃に熱したサラダ油できつね色になるまで揚げる。

《パンの内側》

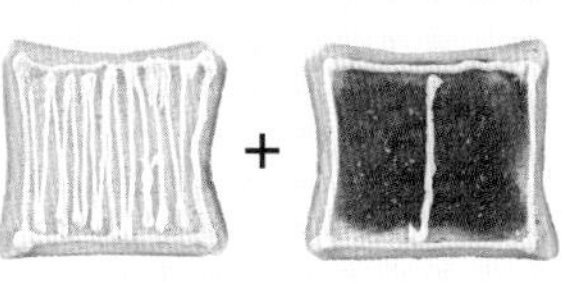

ベースのパン
マヨ全面

かぶせるパン
山椒ソース+マヨ縁

《焼きの目安》バターを塗りましょう

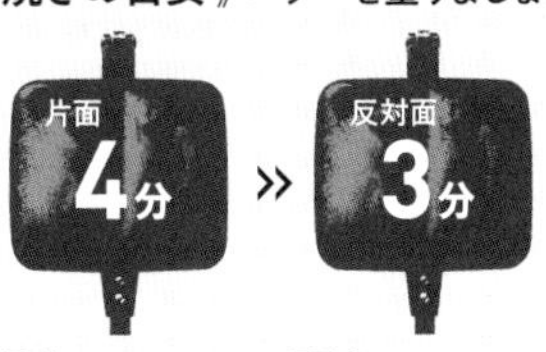

弱火(やや強め) 弱火(やや強め)
ダブル・シングルどちらでも

Part 7 アウトドアでさらに美味しく

even more delicious outdoors

せっかくのキャンプ。
時間をたっぷりとかけた、こだわりの燻製で逸品を目指すも良し。
缶詰などをつかった簡単アイディア料理で、素早くお友達に振る舞うも良し。
お好みのスタイルで、ホットサンドをお楽しみください。

◆燻製サバのレシピ

【材料】

塩サバ（チルド）… 適量

◆燻製（燻製器によって適切な量が異なります）

さくらチップ … 1つかみ

ピート … 小さじ1／2

ざらめ … 小さじ1

【作り方】

※燻製器によって適切な、燻製方法・時間が異なるので、調べておきましょう。

① サバは薄皮をはがし、ヒレと骨を取っておく。

② 今回はさくらチップ、ピート、ざらめをセットし、最初は中火でスタートし、温燻（80℃くらい）で20〜30分＋フタを閉めたまま5分休ませて、完成です。途中、魚の表面に水滴がついていたら拭きとりましょう。

Hot Sandwich
58

燻製サバとなますの出会い
サバのスモーク

燻製

【具材】◆の作り方はそれぞれのレシピを参照
大葉…2枚
胡瓜…(8cmを5mmにスライス)2枚
◆燻製サバ…(2cm幅に切ったもの)4枚
◆なます…大さじ2(水気をしぼる)

【作り方】
① パンにマヨネーズをしぼる。
② 大葉、胡瓜、サバ、なますの順にベースのパンにのせ、もう1枚のパンをかぶせて焼く。

◆なますのレシピ

【材料】※3人分くらい
大根…5cm(細切り)
ニンジン…小さいもの1/2本(細切り)
塩…小さじ1/2
A 砂糖…小さじ2
酢…大さじ1

【作り方】
① 大根とニンジンに塩をもみこみ、おいておく。
② しんなりしたら水気をしぼり、Aを和えて完成。

《パンの内側》

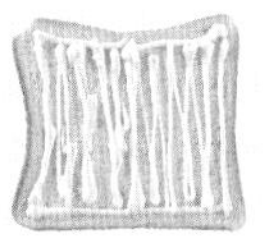
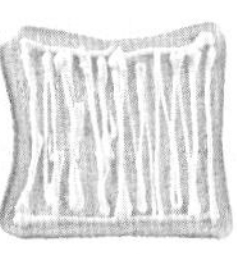
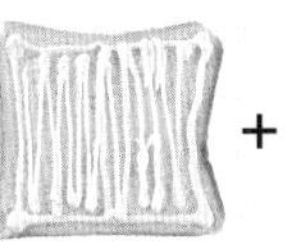

かぶせるパン
マヨ全面

ベースのパン
マヨ全面

《焼きの目安》
バターを塗りましょう

弱火(やや強め) » 弱火(やや強め)
ダブル・シングルどちらでも

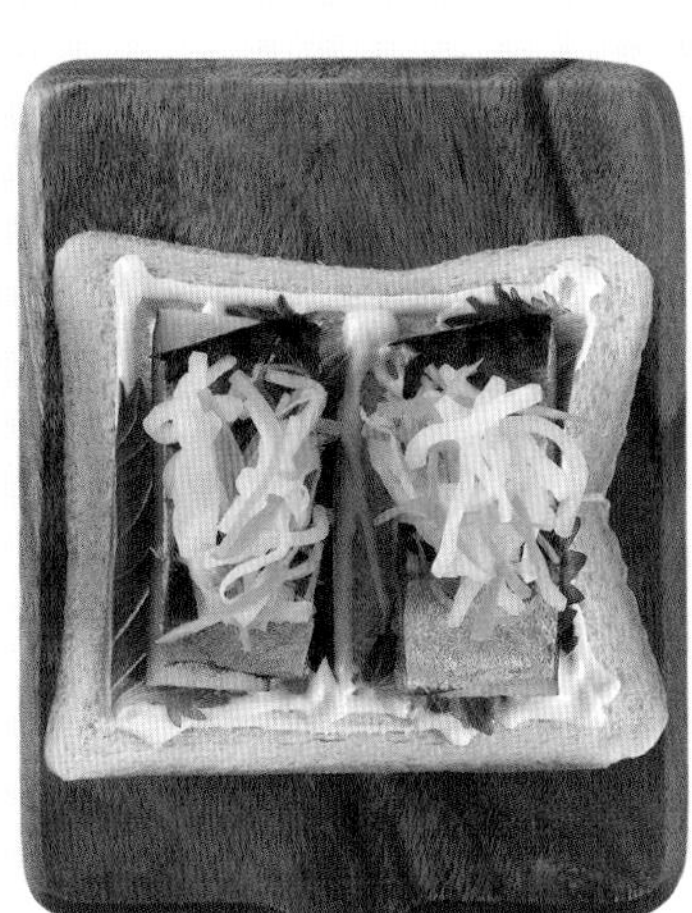

◆自家製ベーコンのレシピ

【材料】
豚バラブロック…400g
塩…大さじ2／3

◆ソミュール液
水…160ml
ザラメ…15g
塩…30g
黒胡椒…小さじ1
にんにく…1片分（スライス）

◆燻製（燻製器によって適切な量が異なります）
ヒッコリー…大さじ1と1／2×2回
ざらめ…小さじ1と1／2×2回

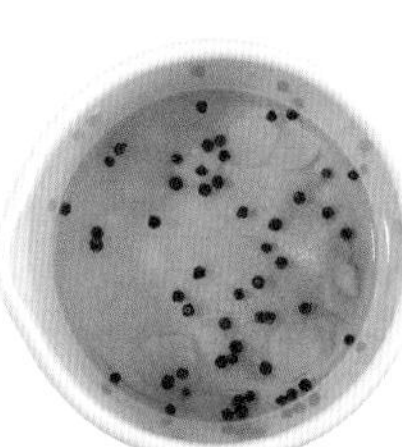

【塩漬け＋脱水】
①豚バラ肉の全面に塩をすりこむ。
②浸透圧脱水シートに豚バラ肉をおき、隙間ができないように包む。
③24時間冷蔵庫で脱水します。

【ソミュール液】
①鍋にソミュール液の材料を全て入れ、中火にかける。
②ひと煮立ちしたら火をとめ、常温まで冷まします。

【肉を液とあわせて漬けこむ】
①塩漬けして脱水した肉の表面を、キッチンペーパーで丁寧に拭き取る。
②保存袋に豚バラ肉を入れて、こしたソミュール液をそそぎ入れ、空気を抜いて密閉する。
③冷蔵庫で5日間程漬けこむ。時々袋の方向を変え、液がまんべんなく肉にいきわたるようにしましょう。

【塩抜き】
①5日間漬けた肉を液から取り出し、水を入れたボウルに移して3～4時間ほど塩抜きする。
②肉の端を少し切り取り、フライパンで焼いて味見しましょう。塩抜きが足りない場合は、新しい水に再度浸し、塩抜きを進めます。

【乾燥】
①塩抜きが完了したら、水から肉を取り出し、キッチンペーパーである程度水を拭き取る。
②浸透圧脱水シートで肉をしっかり包み、冷蔵庫に入れて8時間から半日ほど脱水します。

【燻製】
※燻製器によって適切な、燻製方法・時間が異なるので、調べておきましょう。
①今回はヒッコリー、ざらめをセットし、最初は中火でスタートし、温燻（80℃くらい）で2時間（途中ヒッコリーとザラメを交換）＋フタを閉めたまま20分休ませて、完成です。

※ベーコンは食べる際には必ず加熱しましょう。

燻製

Hot Sandwich 59

春菊ベーコン

薫り高い自家製ベーコンを
たっぷりの春菊と

【具材】◆の作り方はそれぞれのレシピを参照

◆自家製ベーコン…4枚
（5㎜にスライスし両面焼いておく）

◆マッシュルーム入りスクランブルエッグ…大さじ3

トマトソース…大さじ1

春菊…ざく切り1つかみ

① パンにマヨネーズをしぼる。

② ベーコン、エッグ、トマトソース、春菊の順にベースのパンにのせ、もう1枚のパンをかぶせて焼く。

◆マッシュルーム入りスクランブルエッグのレシピ

【材料】※2人分くらい

バター…8g

マッシュルーム…3個（スライス）

卵…2個

A マヨネーズ…小さじ1

塩…少々

胡椒…少々

① フライパンにバターを溶かしマッシュルームを炒める。

② しんなりしたら、卵にAを混ぜたものを流し入れスクランブルエッグを作る。

《パンの内側》

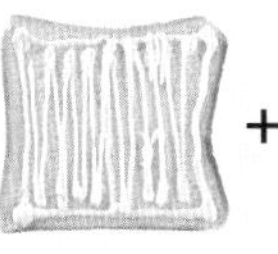

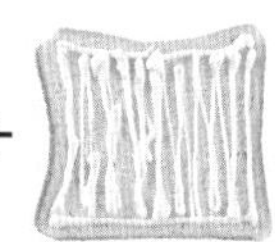

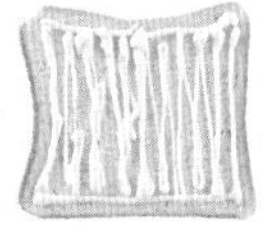

ベースのパン マヨ全面 ＋ かぶせるパン マヨ全面

《焼きの目安》

バターを塗りましょう

弱火（やや強め） » 弱火（やや強め）

ダブル・シングルどちらでも

Hot Sandwich

60

前日の残りものも美味しいご馳走に

焼肉サンド

【具材】

焼肉の残り… 適量
(写真は味付け牛カルビ)
タマネギ… 適量(焼いたもの)
しいたけ… 2個(焼いたもの)

【作り方】

① パンにマヨネーズをしぼる。
② 肉、タマネギ、しいたけの順にベースのパンにのせ、もう1枚のパンをかぶせて焼く。

※キャンプやバーベキューで余った食材の活用をイメージしたメニューなので、肉や野菜はお好みのものを使ってください。

《パンの内側》

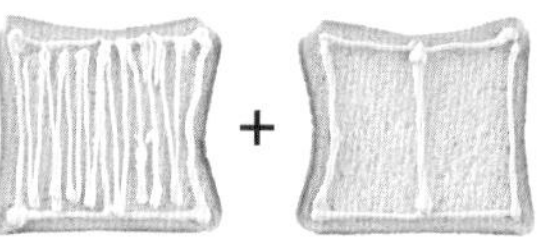

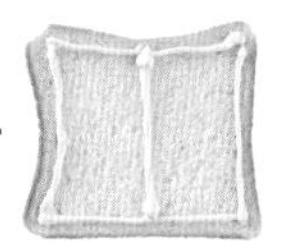

ベースのパン
マヨ全面

かぶせるパン
マヨ縁

《焼きの目安》バターを塗りましょう

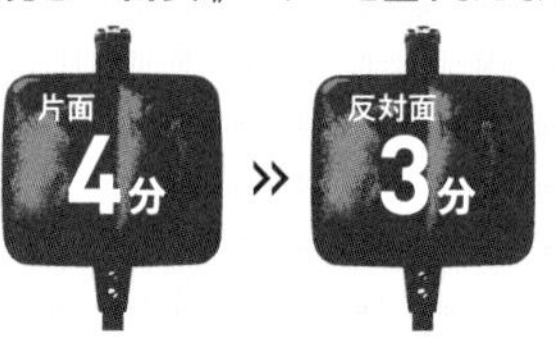

弱火(やや強め) 弱火(やや強め)

ダブル・シングルどちらでも

冷凍
ポテト

Hot
Sandwich
61

冷凍ポテトは簡単具材として重宝(ちょうほう)します

冷凍ポテトのミートソース

【具材】

ミートソース…大さじ4
（残りものやレトルト）
冷凍フライドポテト…1つかみ
（凍ったまま）
紫タマネギ…1/8個（スライス）
シュレッドチーズ…1つかみ
パセリ…少々

【作り方】

① パンにマヨネーズをしぼる。
② ミートソース、ポテト、紫タマネギ、チーズ、パセリの順にベースのパンにのせ、もう1枚のパンをかぶせて焼く。

《パンの内側》

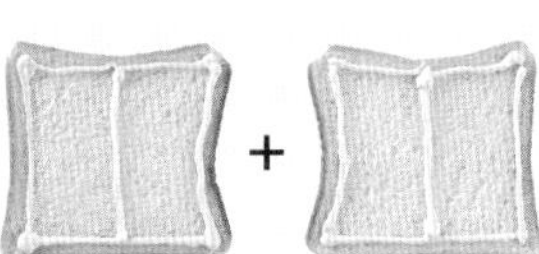

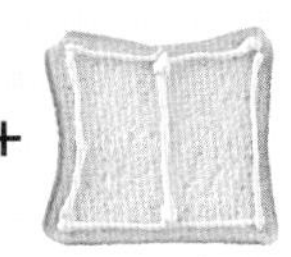

ベースのパン　マヨ縁
＋
かぶせるパン　マヨ縁

《焼きの目安》 バターを塗りましょう

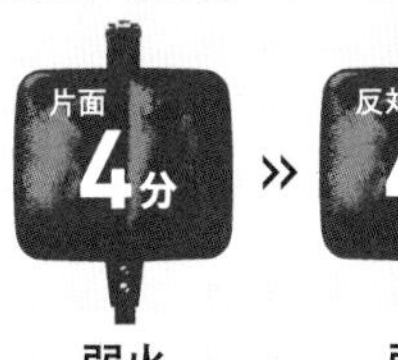

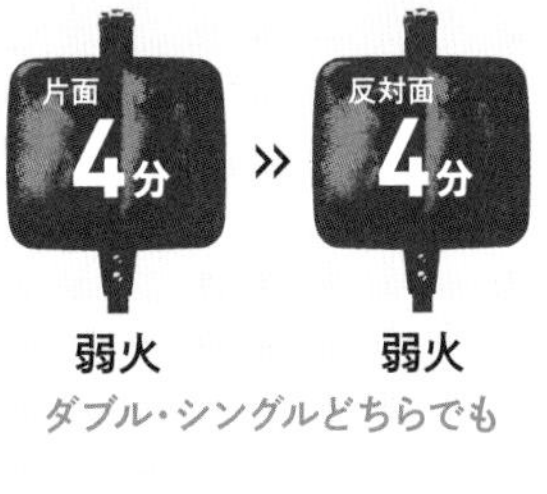

弱火 » 弱火
ダブル・シングルどちらでも

冷凍ポテト

Hot Sandwich

62

ドイツ名物のアレンジも
冷凍ポテトが活躍
カリーブルスト

【具材】◆の作り方はそれぞれのレシピを参照

ソーセージ…4本
冷凍ポテト…1つかみ（凍ったまま）
◆カリーブルストソース…大さじ2
シュレッドチーズ…1つかみ

①パンにマヨネーズをしぼる。
②ソーセージ、ポテト、ソース、チーズの順にベースのパンにのせ、もう1枚のパンをかぶせて焼く。

◆カリーブルストソースのレシピ

【材料】※作りやすい分量

ケチャップ…100㎖
オリーブオイル…大さじ1
バルサミコ酢…大さじ1／2
水…大さじ3
砂糖…大さじ2
カレー粉…大さじ1
パプリカパウダー…小さじ1
顆粒コンソメ…小さじ1／2
塩…小さじ1／2
胡椒…少々
ウスターソース…少々
ナツメグ…少々

①材料を全部鍋に入れ、ひと煮立ちさせる。
※多めにできるので、冷めたら保存袋に入れ冷凍しておくことをおすすめします。

《パンの内側》

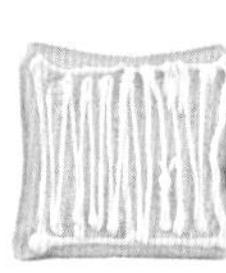
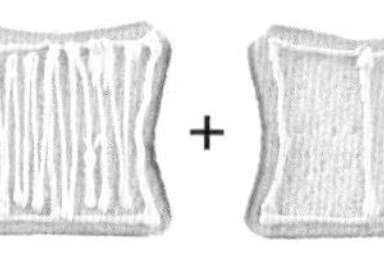
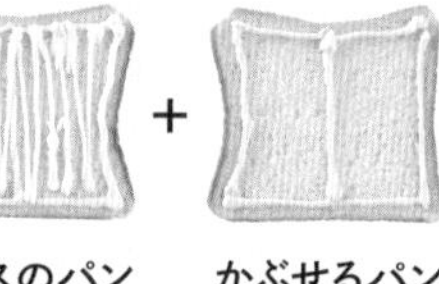

ベースのパン マヨ全面
＋
かぶせるパン マヨ縁

《焼きの目安》
バターを塗りましょう

弱火

»

弱火

ダブル・シングルどちらでも

Hot Sandwich 63

サバの缶詰めで簡単フレンチ風

サバ缶リエット

缶詰

【具材】◆の作り方はそれぞれのレシピを参照

胡瓜…(8cmを5mmにスライス)2枚
◆サバ缶リエット…適量
紫タマネギ…1/8個(スライス)

① パンにマヨネーズをしぼる。
② 胡瓜、リエット、紫タマネギの順にベースのパンにのせ、もう1枚のパンをかぶせて焼く。

◆サバ缶リエットのレシピ

【材料】※2人分くらい

サバ水煮缶…1缶(内容量150g)(水気を切る)
クリームチーズ…15g
ディル(ハーブ)…4本(刻む)
おろしにんにく…小さじ1/4
レモン汁…小さじ1/2
粒マスタード…小さじ1
オリーブオイル…小さじ1

① 材料をすべて混ぜる。

《パンの内側》

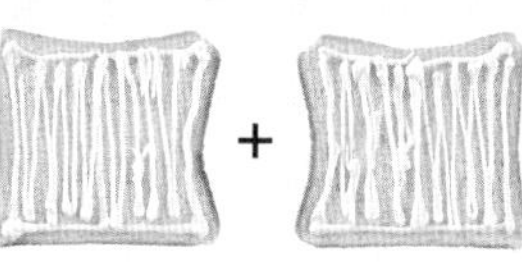

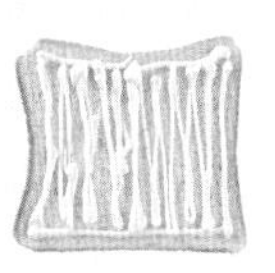

ベースのパン
マヨ全面

かぶせるパン
マヨ全面

《焼きの目安》バターを塗りましょう

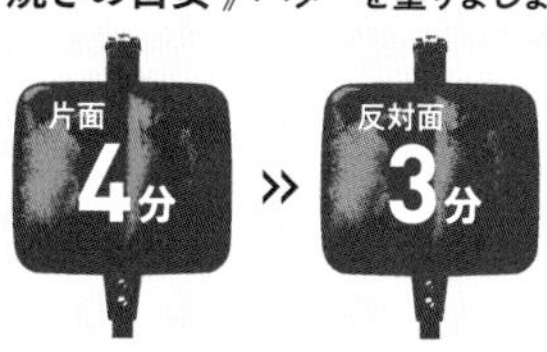

弱火(やや強め)　弱火(やや強め)
ダブル・シングルどちらでも

缶詰

Hot Sandwich 64

鮭中骨缶を使った洋風サンド

ほうれん草サーモン

【具材】◆の作り方はそれぞれのレシピを参照

◆サーモンペースト…大さじ4
ほうれん草…1株(炒める)
シュレッドチーズ…1つかみ

【作り方】
① パンにマヨネーズをしぼる。
② サーモン、ほうれん草、チーズの順にベースのパンにのせ、もう1枚のパンをかぶせて焼く。

◆サーモンペーストのレシピ

【材料】※2人分くらい
鮭中骨缶…1缶(内容量170g)
(水気を切る)
ホワイトソース…大さじ1
パルメザンチーズ…小さじ1と1／2
ケッパー…7粒(刻む)
胡椒…少々

【作り方】
① 材料をすべて混ぜる。

《パンの内側》

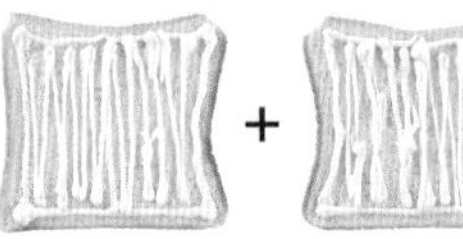

ベースのパン
マヨ全面

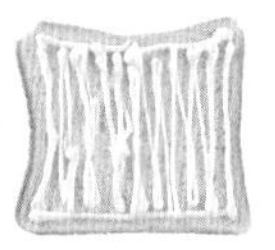

かぶせるパン
マヨ全面

《焼きの目安》バターを塗りましょう

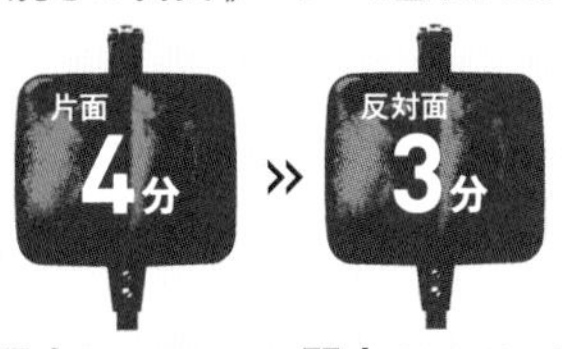

弱火(やや強め)　弱火(やや強め)
ダブル・シングルどちらでも

Hot Sandwich
65

イワシ缶を使った簡単福岡グルメ

イワシ明太風サンド

缶詰

【具材】
大葉…2枚
イワシ水煮缶…4切れ
明太子…1腹(縦に半分に切る)
シュレッドチーズ…1つかみ

【作り方】
① パンにマヨネーズをしぼる。
② 大葉、イワシ、明太子、チーズの順にベースのパンにのせ、もう1枚のパンをかぶせて焼く。

《パンの内側》

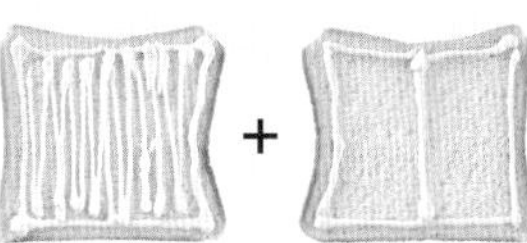

ベースのパン マヨ全面 ＋ かぶせるパン マヨ縁

《焼きの目安》バターを塗りましょう

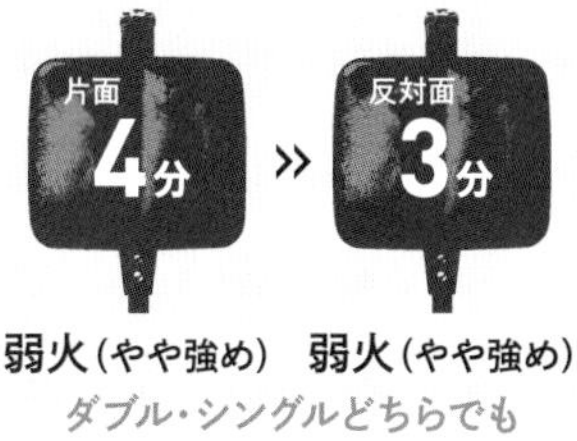

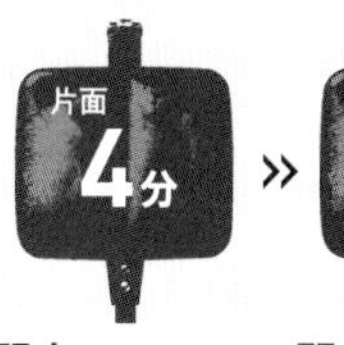

片面4分 » 反対面3分
弱火(やや強め) 弱火(やや強め)
ダブル・シングルどちらでも

缶詰

Hot Sandwich 66

焼き鳥缶を使ったインドネシア風絶品サンド

缶詰焼き鳥のサテ風サンド

【具材】◆の作り方はそれぞれのレシピを参照

◆サテ風焼き鳥…1／2缶分
えびせん…2枚
紫タマネギ…少々（スライス）
パクチー…1つかみ

【作り方】

① パンにマヨネーズをしぼる。

② サテ風焼き鳥、えびせん、紫タマネギ、パクチーの順にベースのパンにのせ、もう1枚のパンをかぶせて焼く。

◆サテ風焼き鳥のレシピ

【材料】※2人分くらい

焼き鳥缶（タレ）…1缶
ピーナッツバター…小さじ1
レモン汁…小さじ1／2
豆板醤…小さじ1／2
おろしにんにく…小さじ1／2

【作り方】

① 材料をすべて混ぜる。

《パンの内側》

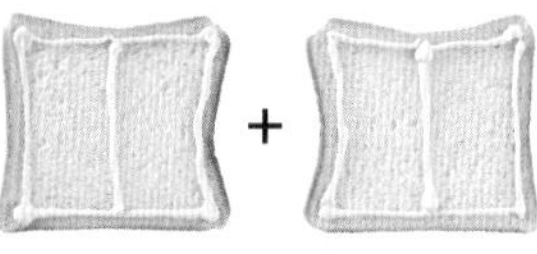

ベースのパン マヨ縁 ＋ かぶせるパン マヨ縁

《焼きの目安》バターを塗りましょう

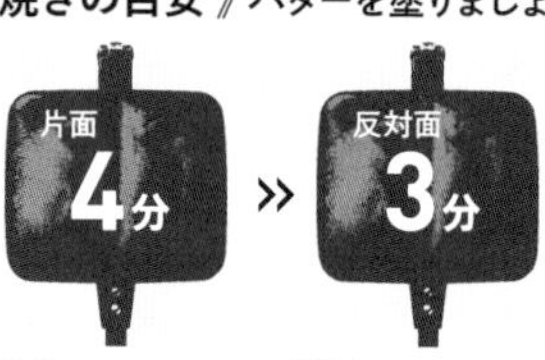

弱火（やや強め） 弱火（やや強め）

ダブル・シングルどちらでも

ホットサンドメーカーで おかず・おつまみ・デザート

Side dishes & desserts

ひっくり返すだけで調理できるのが、ホットサンドメーカーの最大の魅力。
また、フタをした状態と同じなので「焼く」だけでなく、「蒸す」ことも得意。
「煮る」「揚げる」ことも可能です。
幅広い調理方法も魅力のひとつです。

コンパクトな調理器具なので、屋外に持ち出すのも楽。洗いものを少なくすませることもできますね。

特徴をつかんで、パン意外の食材をはさんだ料理にも挑戦してみましょう。
おかず・おつまみ・デザートなど…、ホットサンドメーカーをとことん使いこみましょう。

このレシピでは、
①1人分の「材料」を示しています。
②ホットケーキは「ホットケーキミックス」の表示に合わせ、枚数分の生地をご用意ください。
③「火加減」がそれぞれ違いますので、アイコンの部分をよくご覧ください。

67

とても簡単、柚子胡椒香るチキンソテー

チキンの柚子胡椒焼き

【材料】
鶏モモ肉…180g(1/2枚)
柚子胡椒…小さじ1/2
昆布茶…小さじ1/4
酒…小さじ1

【作り方】
① 鶏モモ肉は余分な脂をとっておく。
② ビニール袋に材料をすべて入れてよくもみ、30分休ませる。
③ メーカーに皮目を下にしてのせ、中火で6分。皮がパリッとしたら返して2分焼く。

※下の写真は分かりやすくするため、皮目を上にして撮影しています。

《焼きの目安》皮目から焼きましょう
片面 6分 » 反対面 2分
中火　中火
シングルタイプをおすすめします

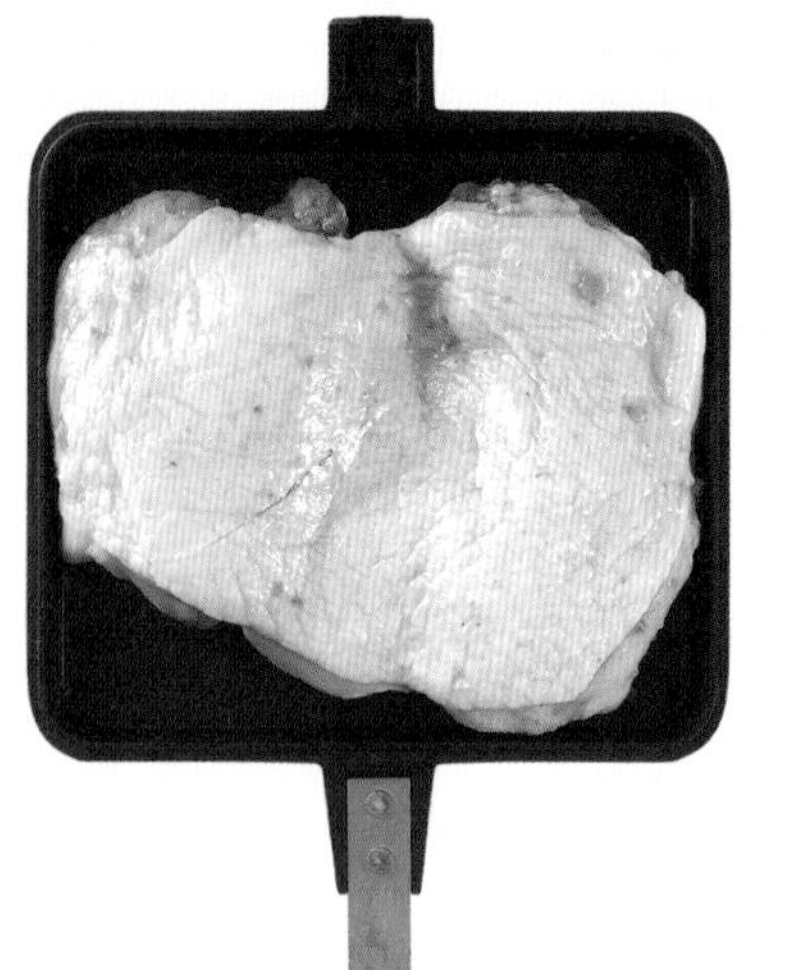

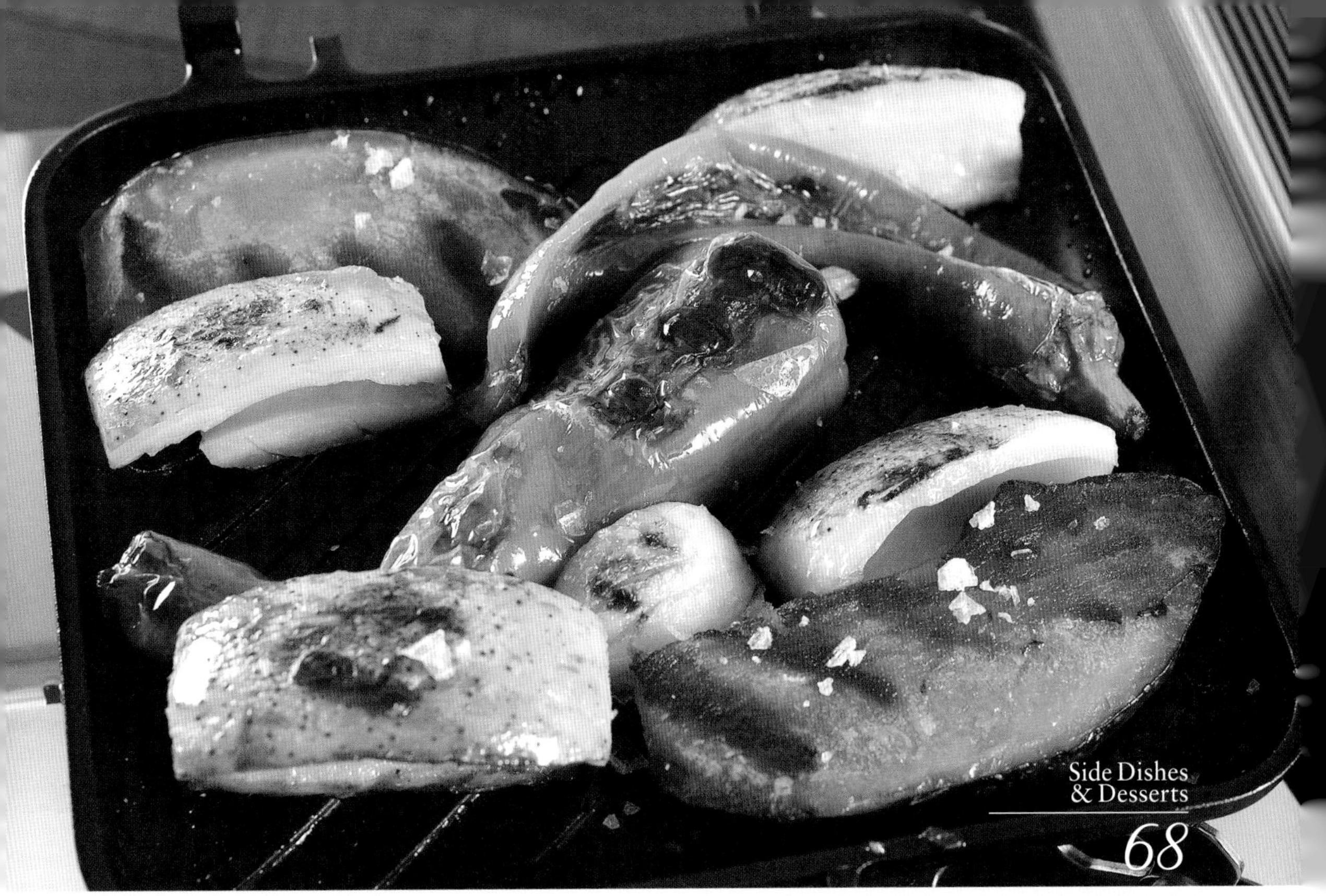

Side Dishes & Desserts

68

ソロキャンプにも、もってこい

焼き野菜

【材料】

にんにく…1／2片

◆野菜

レンコン

かぼちゃ

甘長とうがらしなど…適量

オリーブオイル…大さじ1／2

塩（フルールドセル）…適量

【作り方】

①メーカーにつぶしたにんにくと野菜を並べ、オリーブオイルをかけて弱火で4分、返して2分焼く。

②仕上げに塩をふる。

※他の野菜でも美味しく焼けます。

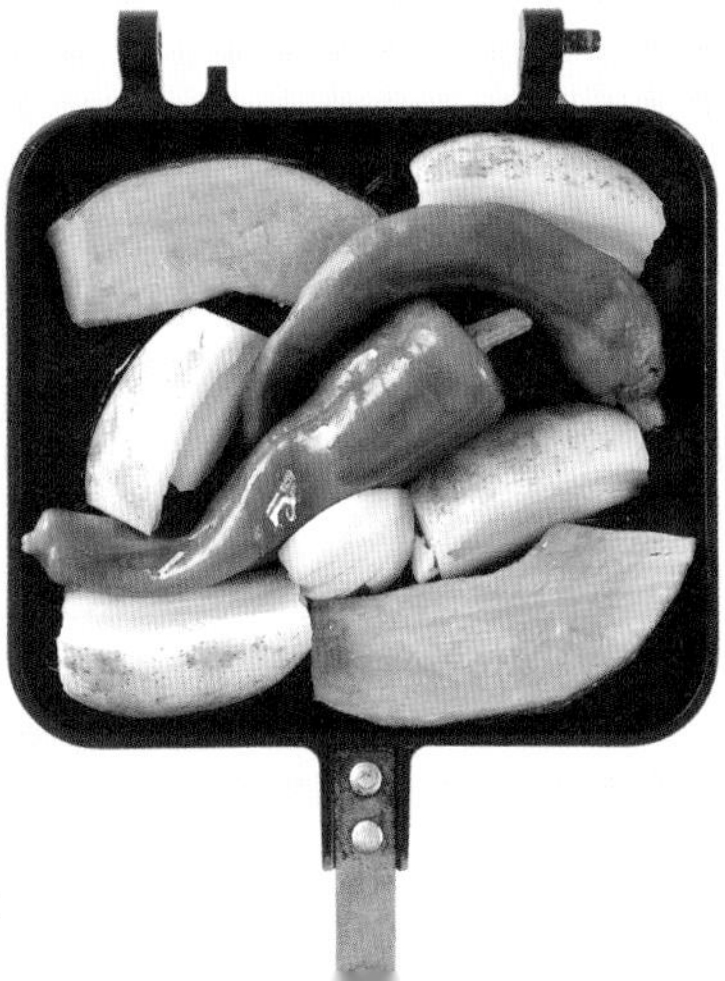

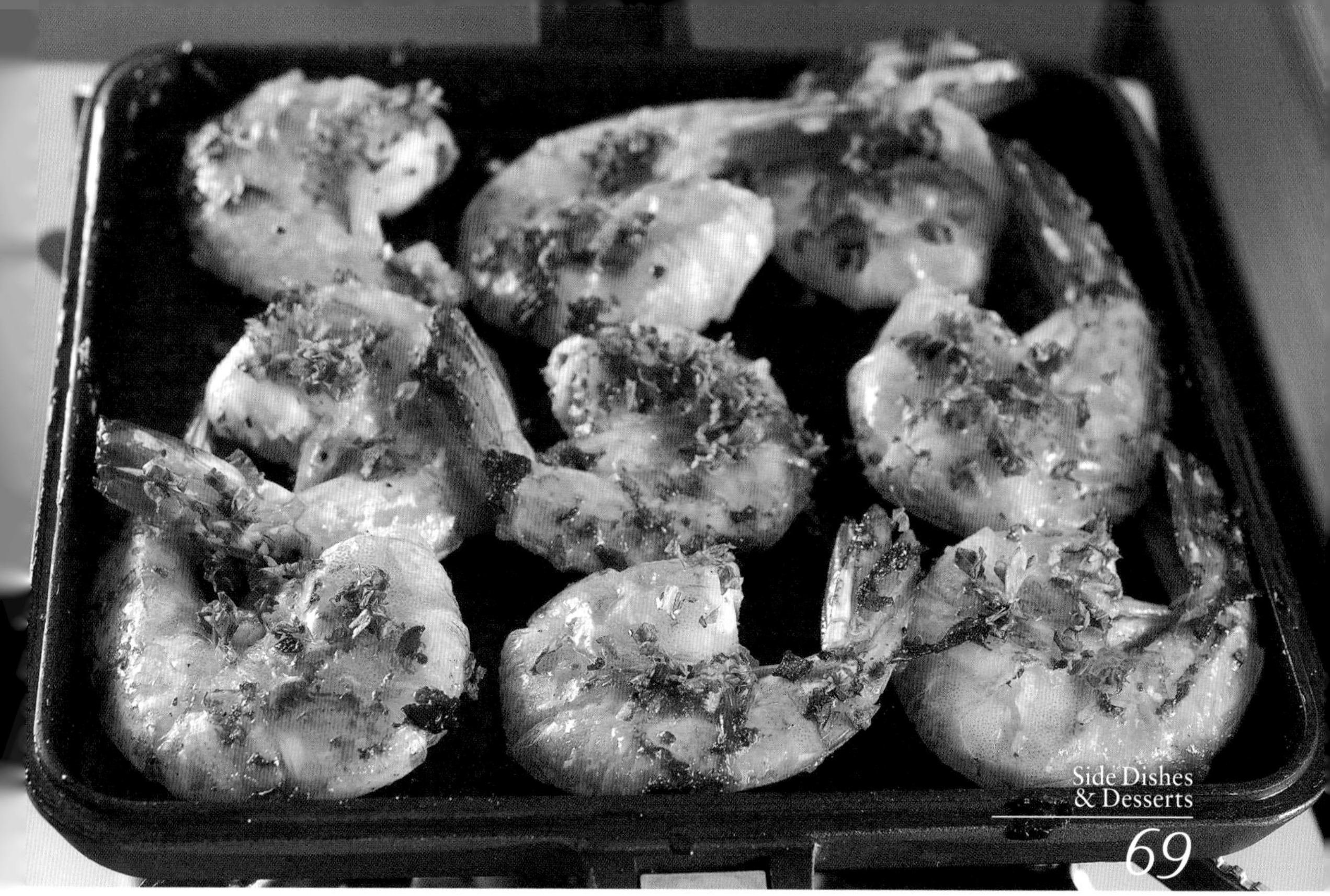

Side Dishes
& Desserts
69

しっかり火が通るから、殻も食べられます

ガーリックシュリンプ

【材料】

殻付きバナメイ海老…9匹
片栗粉…大さじ1
A にんにく…1/2片分(みじん切り)
　オリーブオイル…大さじ1
　レモン汁…小さじ1
　ハーブソルト…小さじ1/2
　白ワイン…小さじ1
バター…3g
胡椒…少々
パセリ…少々

【作り方】

① 背わたを取った海老に片栗粉をもみこみ、水で洗い流す。
② Aと海老をビニール袋に入れよくもみ、30分おいておく。
③ ②をメーカーに並べ、バターをのせ弱火で6分、返して3分焼く。
④ 仕上げに胡椒とみじん切りにしたパセリを振る。

《焼きの目安》

片面
6分
»
反対面
3分
弱火
弱火

シングルタイプをおすすめします

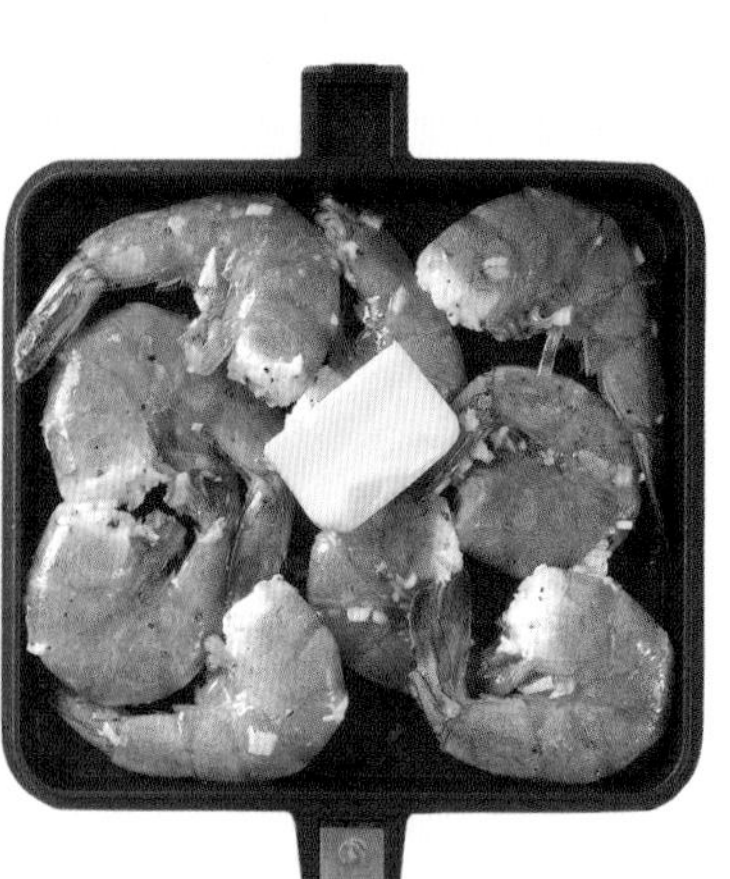

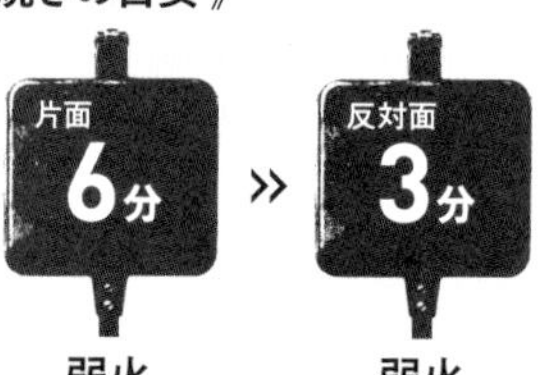

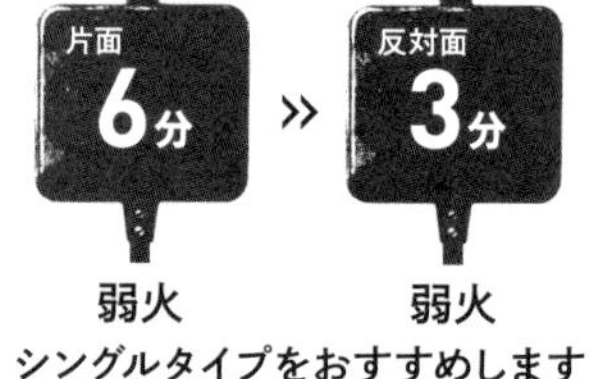

Side Dishes
& Desserts
70

カリカリチーズカツ

チーズと衣はこんがりカリカリに、お肉はジュワ！

【材料】
豚ロース肉…1枚
塩・胡椒…少々
小麦粉…適量
卵…1個（溶き卵にする）
パン粉…適量
シュレッドチーズ…1つかみ
サラダ油…大さじ1／2

【作り方】
①柔らかく仕上げるために、豚肉をめん棒などで叩く。
②肉に軽く塩・胡椒し、小麦粉をまぶす。
③片面だけに溶き卵、パン粉をつける。
④メーカーにチーズをのせ、衣を上にして肉をのせる。
⑤衣の上にサラダ油をかけ、メーカーを閉めひっくり返し、衣側から中火で5分、返して3分焼く。
※チーズの塩気でソースなしでいただけます。

《焼きの目安》衣側から焼きましょう

中火　中火
シングルタイプをおすすめします

Side Dishes & Desserts

71

ボリュームたっぷり、絶品おつまみ

厚揚げしらすチーズ

【材料】

厚揚げ… 1枚
とろけるスライスチーズ… 1枚
しらす… 大さじ2
キムチ… 大さじ2

【作り方】

① 厚揚げを横半分に切り、チーズとしらすをサンドし、メーカーにのせる。
② 中火で4分、返して4分焼く。
③ 食べやすいサイズに切って、キムチを添える。

←かぶせる厚揚げ

《焼きの目安》

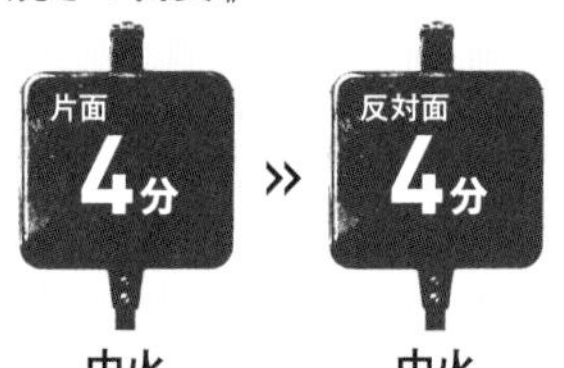

シングルタイプをおすすめします

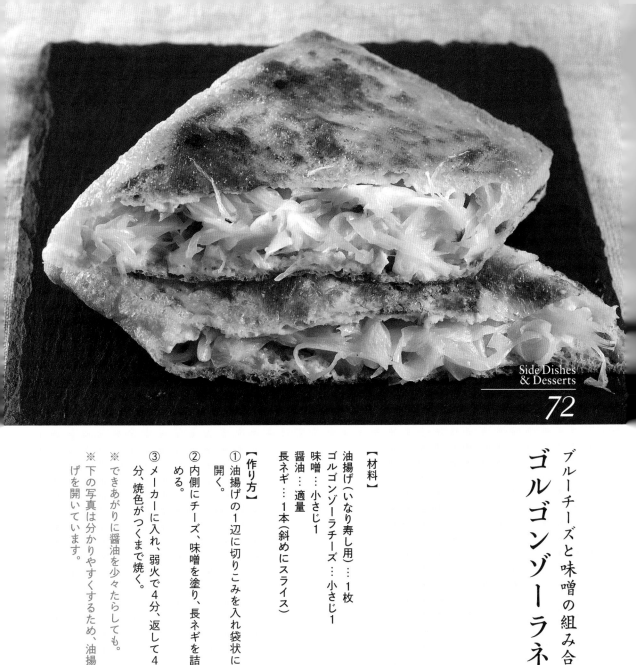

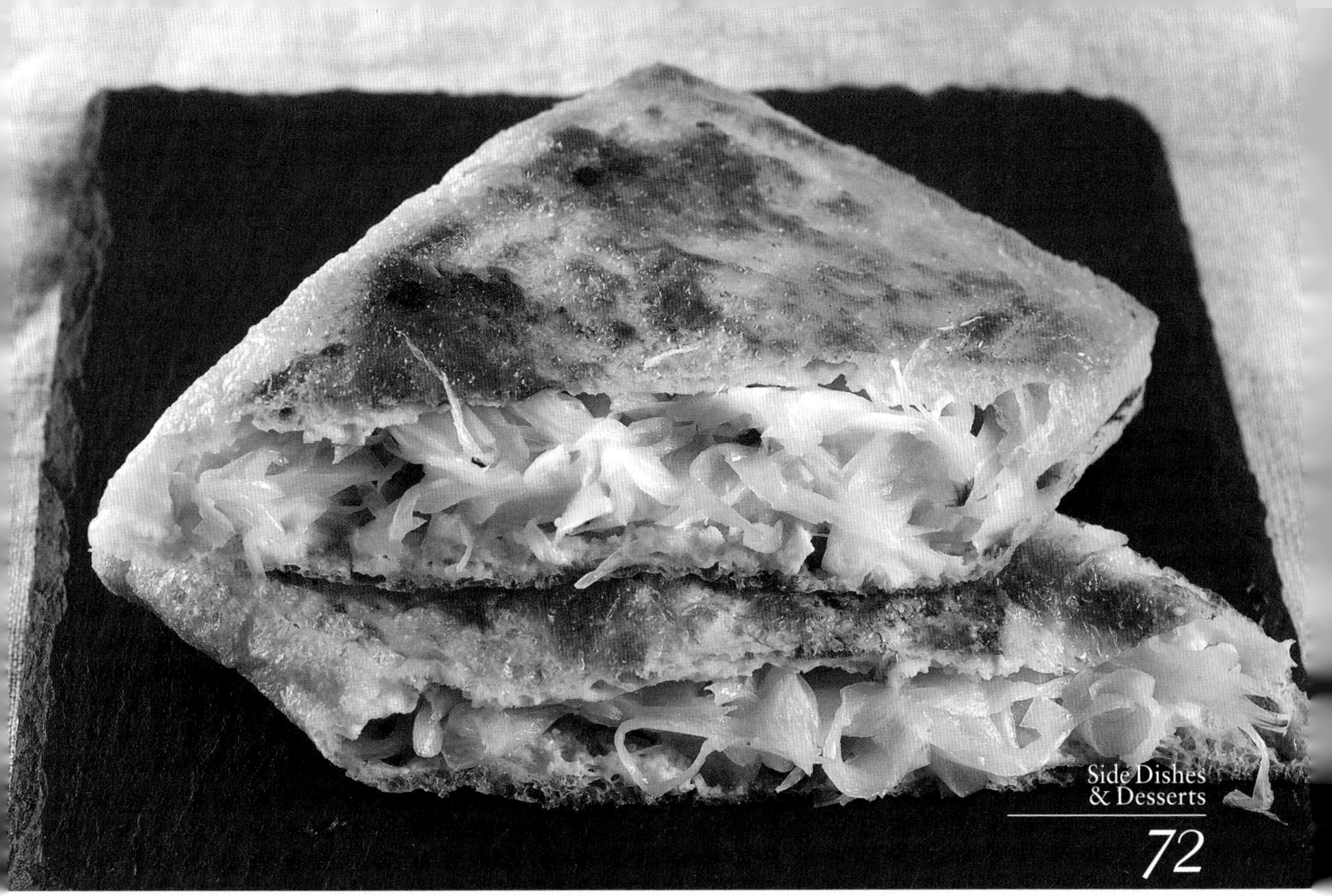

Side Dishes
& Desserts
72

ブルーチーズと味噌の組み合わせがたまりません

ゴルゴンゾーラネギきつね焼き

【材料】

油揚げ（いなり寿し用）… 1枚
ゴルゴンゾーラチーズ … 小さじ1
味噌 … 小さじ1
醤油 … 適量
長ネギ … 1本（斜めにスライス）

【作り方】

① 油揚げの1辺に切りこみを入れ袋状に開く。
② 内側にチーズ、味噌を塗り、長ネギを詰める。
③ メーカーに入れ、弱火で4分、返して4分、焼色がつくまで焼く。

※ できあがりに醤油を少々たらしても。
※ 下の写真は分かりやすくするため、油揚げを開いています。

《焼きの目安》

片面 4分 弱火 » 反対面 4分 弱火

シングルタイプをおすすめします

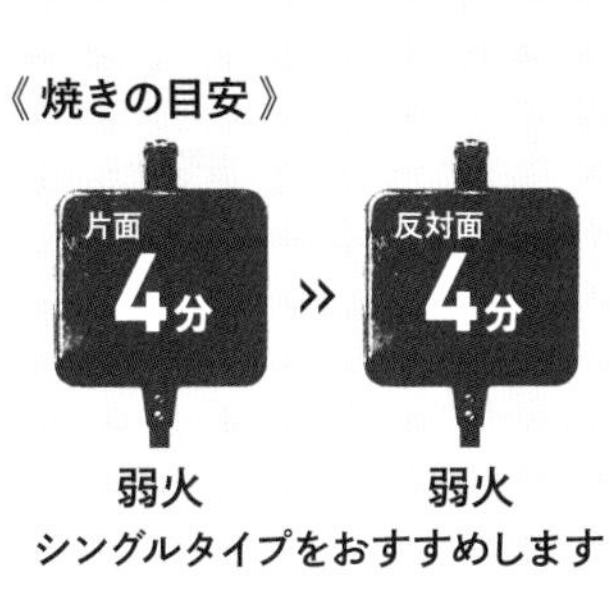

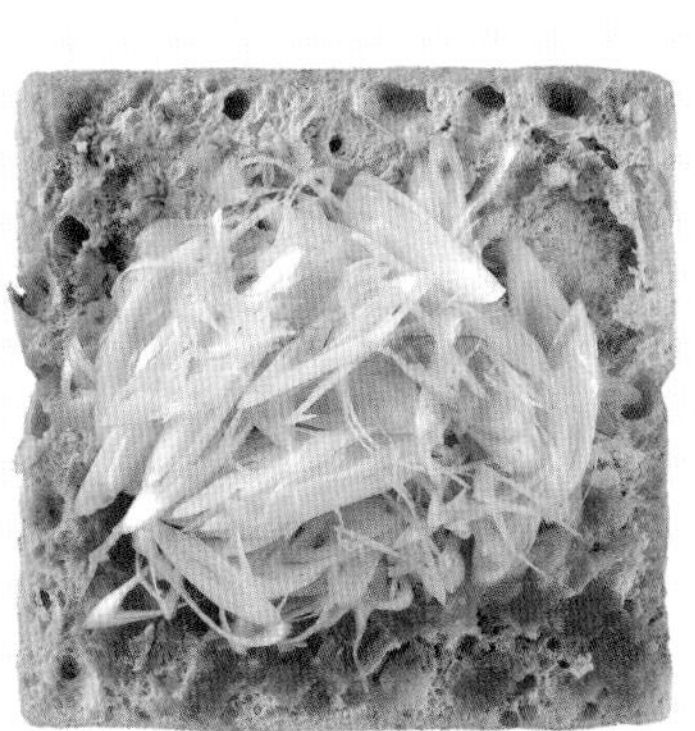

ひっくり返さなくてもよいから簡単です

ホットケーキ

【材料】※お好みの枚数分

ホットケーキミックス…表示に合わせてお好みの量
牛乳…表示に合わせて
卵…表示に合わせて
バター（有塩）…5g
ケーキシロップ…適量

【作り方】

①ホットケーキの生地を作る。
②メーカーにバター（分量外）を塗り、生地をメーカーの片面いっぱいに入れる。
③やや強めの弱火で4分、返して4分焼く。
④仕上げに有塩バターをのせ、シロップをかける。

《焼きの目安》バターを塗りましょう

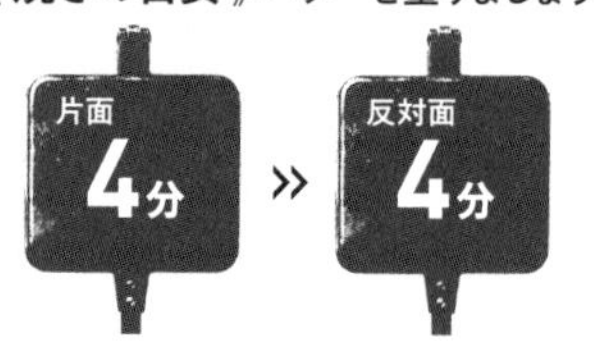

弱火（やや強め）　弱火（やや強め）
シングルタイプをおすすめします

Side Dishes & Desserts

74

オーブンのような余熱要らずで簡単に焼けます

アップルチーズパイ

【具材】

パイシート…1枚
煮りんご…適量（P64参照）
クリームチーズ…36g
ケーキシロップ…大さじ1
（メープルシロップでも）

【作り方】

①メーカーにパイシートを広げ、煮りんご、クリームチーズをのせ、シロップをかける。

②四隅を中心に向かってたたみ、ごく弱火で10分、返して10分焼く。

《焼きの目安》

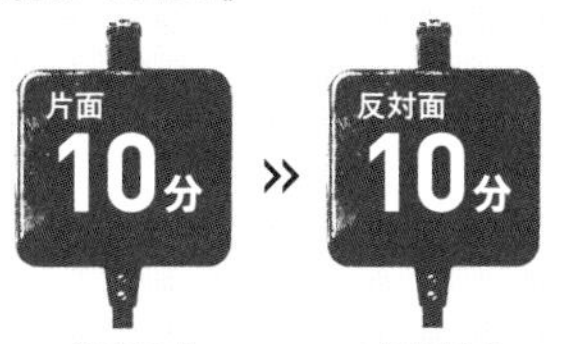

シングルタイプをおすすめします

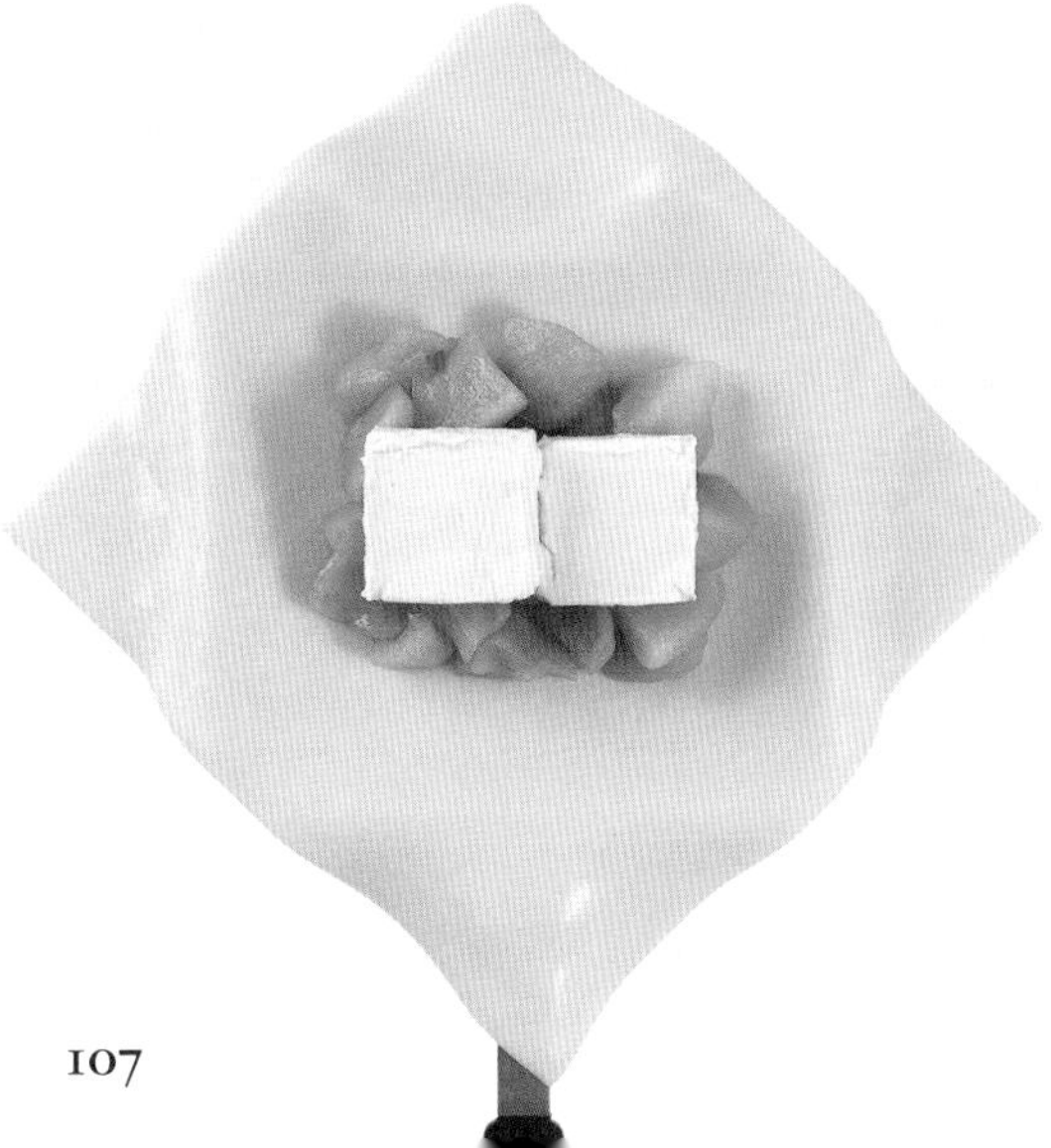

Side Dishes
& Desserts
75

熊本の郷土料理をアレンジ

いきなり団子風

【材料】
スライスもち…6枚
さつまいも…（6㎝を1㎝の厚さにスライス）3枚（レンジで加熱しておく）
あんこ…大さじ2

【作り方】
①メーカーにバター（分量外）を塗る。
②メーカーにスライスもちを3枚並べ、さつまいも、あんこをのせ、残りの3枚のもちを上にのせる。
③弱火で4分、返して4分焼く。

←のせるスライスもち

《焼きの目安》
片面 4分 ≫ 反対面 4分
弱火　弱火
シングルタイプをおすすめします

Side Dishes
& Desserts
76

そのままでも、トッピングとしても

焼きバナナ

【材料】
バナナ…2本(半分に切る)
有塩バター…5g
カソナード(グラニュー糖でも)…小さじ1／2
シナモン…少々

【作り方】
① メーカーに半分に切ったバナナと有塩バターをのせる。
② 中火で4分、メーカーを開いてカソナードをかけて、返して4分焼く。
③ 仕上げにシナモンを振る。

※パンやホットケーキ、アイスなどのトッピングにもどうぞ。

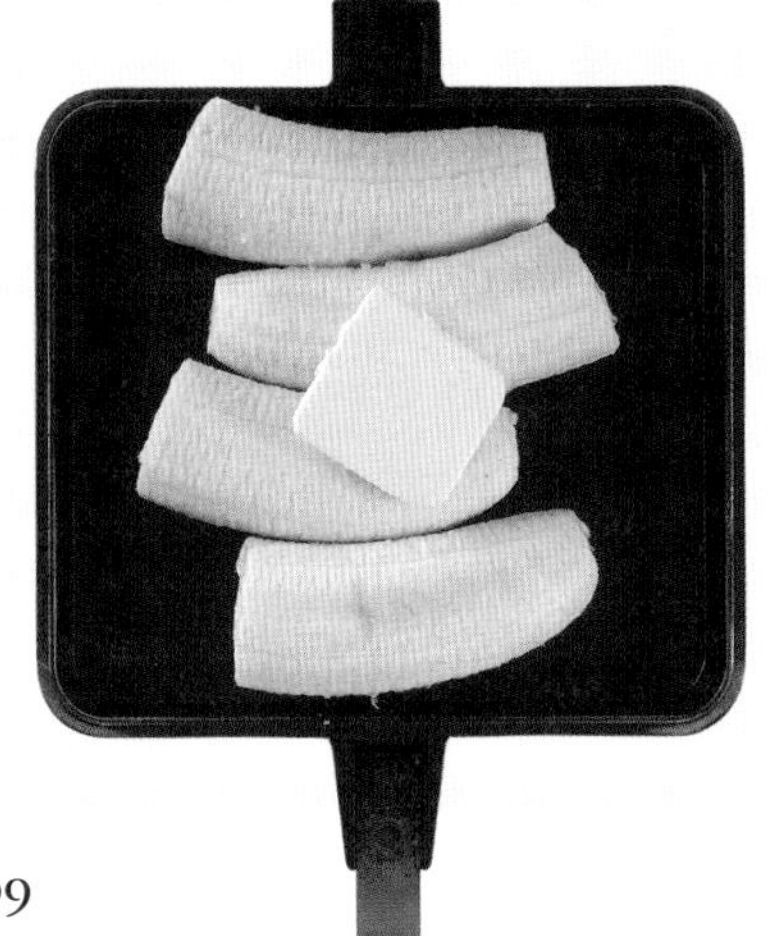

《焼きの目安》途中でカソナードをかけましょう

シングルタイプをおすすめします

P54「豚バラさつまいも」の具材レシピ

◆紫タマネギのアチャールのレシピ

【材料】※2人分くらい
紫タマネギ…1／4個
レモン汁…小さじ1
塩…2つまみ
チリペッパー…適量

【作り方】
①紫タマネギはスライスし、塩でもみ、10分ほどおく。
②水気をしぼり、レモン汁、チリペッパーを加えてよく混ぜる。

P69「梅長芋」の具材レシピ

◆鶏の梅肉和えのレシピ

【材料】※2人分くらい
鶏ムネ肉…200g
酒…大さじ1／2
梅肉…25g

【作り方】
①ムネ肉は皮と余分な脂を取り、フォークで穴を数ヶ所空け、厚みのあるところは開く。
②肉を耐熱容器に入れ、酒を振り、ふんわりラップをかけ600Wで4分レンジにかける。止まったらそのまま5分余熱で火を通す。
③肉をほぐして梅肉と和えて完成。

※余ったらゴマ油やオリーブオイルと和えてサラダの材料などにも。

P80「モロッコ風トマト煮」の具材レシピ

◆モロッコ風トマト煮のレシピ

【材料】※2～3人分くらい
オリーブオイル…大さじ1
にんにく…1／2片（つぶす）
鶏モモ肉…150g
（余分な脂を取って一口サイズに切る）
タマネギ…1／4個（粗みじん切り）
A ソーセージ…4本（1本を3等分に切る）
かぼちゃ…60g（2㎝角に切る）
ピーマン…1／2個（1㎝角に切る）
パプリカ…1／6個（1㎝に斜め切り）
ひよこ豆水煮…50g
B 唐辛子…1本（種を取る）
ローリエ…1枚
ブラックペッパー（ホール）…5粒
赤ワイン…50㎖
トマトジュース…50㎖
カットトマト水煮缶…50㎖
C ケチャップ…大さじ1
トマトペースト…大さじ1
塩…適量

【作り方】
①鍋にオリーブオイル、にんにくを入れ弱火にかけ、にんにくが色付いたら鶏肉を炒める。
②肉の色が変わったらタマネギを入れ、しんなりするまで炒める。
③Aを加え全体を混ぜ、Bとひたひたになるくらいの水（分量外）を入れてとろみが出るまで煮こむ。
④Cを入れ、塩で味を整える。

西荻ヒュッテ

中央線西荻窪駅南口すぐの「山小屋バル」。ヒュッテとは、ドイツ語（Hütte）で「山小屋・避難小屋」などを意味します。

山を感じたり、会話を楽しんでいただけるようなお店づくりを心掛けています。

おいしいお酒と食事を楽しみながら、山のこと、街のこと、日々のこと楽しく語らっていただければと思います。

アウトドアの調理器具を使った料理、発見や出会いがあるような料理、旬を感じる料理など、常に新しいことにチャレンジしています。

著者より

カフェ、フレンチレストランのパティシエ、居酒屋勤務を経て、西荻ヒュッテの別ブランド「ホットサンド・ブランチ」を2018年11月から1年3カ月程担当。現在は西荻ヒュッテの店長をしています。

ホットサンドメーカーは、幼い頃から自宅に電気式のものがありましたが、自分で直火式を手に入れて使うようになったのは、2016年、鎌倉でのハイキングの時からです。

本書をご活用いただき、美味しくて楽しいホットサンドの定食を、たくさん作ってみていただければ幸いです。

幕田美里（まくた・みさと）
宮城県仙台市出身。
『ホットサンドメーカーにはさんで焼くだけレシピ』（主婦の友社）監修（レシピ担当）。

ホットサンドの定食アイディアレシピ
Hot sandwich set meal idea recipes

2021年10月31日　初版発行

著　者　西荻ヒュッテ・幕田美里
発行人　杉原葉子
発行所　株式会社コスミック出版
〒154-0002　東京都世田谷区下馬6-15-4
代表TEL.03-5432-7081
営業TEL.03-5432-7084
FAX.03-5432-7088
編集TEL.03-5432-7086
FAX.03-5432-7090
http://www.cosmicpub.com
振替00110-8-611382

ISBN978-4-7747-9244-6 C0077
印刷・製本　株式会社リーブルテック